これが我が国の古代史だ

栗花落 謙二郎 著

東京図書出版

これが我が国の古代史だ◇目次

日本人の祖先は、どのようにして生まれたか

人類の始まりは四〇億年前、アフリカのエチオピアから生まれたとされている。それから、人類の進化があり、ホモサピエンスが我々の祖先であり、彼等は、アフリカ大陸から東欧へ、北欧へ、東南アジアへと、分派的に移動を始めて、人類構成を生み出したものとされる。

日本の文化は、前期旧石器時代から始まった。世界史で見ていくと、新旧両大陸でも、旧石器文化時代まで遡る。

特にヨーロッパでは、前期・中期・後期と三つの時期に区分され、人類学上の分類である猿人「アウストラロピテクス」と、原人「ホモ・エレクトス」、ジャワ原人、北京原人。そして旧人「ネアンデルタール」、牛川人。新人「ホモ・サピエンス」、三ヶ日人、浜北人、である。我が日本人の祖先である。

猿人はBC六〇〇万―BC九〇万年、更新世前期、旧石器時代。

原人はBC九〇万―BC一三万年、更新世中期。

旧人はBC一三万―BC三万年、更新世後期、新石器時代。

新人はBC三万年―BC二千年、完新世縄文時代。

日本の場合、岩宿遺跡（群馬県）の発見以来旧石器文化の研究は急速に進展したが、大半が三万年以降の後期に属し、前期については存在しない、という否定的な見方が強かった。しかし宮城県の座散乱木《ざざらぎ》遺跡や馬場壇Ａ遺跡の発見以来、前期旧石器文化の研究は急速に進展している。

日本人の祖先は、どこから来たのか

BC三万～二万年前、縄文人の祖先はシベリアのブリアート人が、氷河期に日本列島の海水域が百メートル低下したため、大陸北部と継《つなが》り、マルタ地方の遊牧生活から、マンモス・洞穴ライオン・毛サイ等の狩猟移動をしながら、カラフト・北海道・東北地方で生業活動をしていた。マルタ遺跡の発掘によって、毛皮製キャンプ式住居跡集落と巨大動物の狩猟用ヤリ先の細石刃が発見され実証されている。旧石器としては剝片石器が主体となり、ナイフ形石器、尖頭器、彫器などが使用された。世界的に見ると後期旧石器時代に相当する。

我が国の縄文人の祖先と考えられるシベリアのブリアート人が二万六千年前に移動して来た事が、旧居住地跡の発掘によって判明している。その人骨と縄文人の人骨を遺伝子分析で調査し一致していたという。

我が国内でも群馬県の岩宿遺跡をはじめとする多数の遺跡で認知された人間がいたのである。縄文人はこうして列島の原住民となる。

紀元前一万六千年頃から始まった地球の温暖化により、水位の上昇が始まり、日本列島は大陸から分断され、マンモス等の大型動物は死滅し、それに代わる小動物の狩猟と魚貝類の採集と漁業や果実の採集へと生業が進化する。

南洋諸島で生まれた海洋民族の祖先

紀元前一万六千年前にジャワ島のジャワク洞窟で居住していた種族は水位が百メートル上昇し、スンダラートが沈下したので、海洋漂流民が生まれた。中国大陸南部や沖縄諸島へ渡海上陸し、紀元前一万三千年頃、南九州に上陸し上野原台地に五〇軒近い集落の遺跡が発掘されている。一集落は五〇人程度の家族集団と見做されている。薩摩隼人の原人である。

縄文人は列島全地域で移住していた

紀元前一万三千年以降、細石刃、有舌尖頭器が、日本全域から発見されるが、紀元前一万二千年頃に本州から九州にかけての地域に無文隆線文などの土器が出現する（青森県から長崎県）。局部磨製石斧、矢柄製研磨器、石鏃などの新しい石器が使用されると共に、女性像を線刻した小礫などが出現した。生業居住形態は旧石器時代と同様でキャンプサイトが多く、洞窟も利用していた。縄文の祖先である。縄文人は海洋漁撈民でもあり、交流民族であった。紀元前八千年以降、縄文人の定住化と分業化が始まる。関東地方の低地において、貝塚が出現し、釣針、魚骨などの出土から狩猟、採集に加えて、水産資源を開発していった。土器の形態は尖底土器が多くなり東部地方では撚糸文土器、中部地方では押型文土器等地域的な特色が現れる。

縄文文化は世界最古の新石器文化

日本の歴史と文化が本格的に動き出したのは縄文時代である。一万二、三千年前、気候の温暖化により海面が上昇したため、日本列島が大陸から切り離されて自然環境が一変する。東日本にブナやナラ、西日本にはシイなどが広がり、大型獣が絶滅してシカやイノシシが多くなった。

この環境変化を基盤に縄文文化が成立したのである。豊かな食料事情を反映して土器が発明され、火を利用した煮炊きの技術や保存技術が発達した。石器文化に土器文化が加わり新石器文化が誕生し、縄文文化と呼ばれるようになった。土器の初見は、世界文明の祖国とされるメソポタミアより、六、七千年は古く、一万二、三千年前まで遡るのは珍しくなく、大平山遺跡（青森県外ヶ浜町蟹田）では、一万五、六千年前の土器が出土して話題になった。

縄文文化は高度な科学技術を備えていた

三内丸山《さんだい》遺跡（青森県）や、函館空港遺跡（北海道）は縄文早期から広大な集落を築いて定住していたし、ヒエやクリなどの選択的栽培を営み、直径一メートル余りの木柱を使った大規模建造物を建て、長さ三〇メートル余りのロングハウスを造り、豊かな暮らしをしていた。それだけではない、大湯環状列石（秋田県）、忍路《おしょろ》環状列石（北海道）などの巨大な配石遺構（ストーンサークル）や、黒又山（秋田県）などの人工の山（ピラミッド）を日本各地に残し、天文学、地球物理学と結びついた祭祀施設を持っていたことも確認された。縄文文化は興味深い文化遺産を残して消えていることに注目すべきである。

弥生文化は国家を武器にして発展した

こうして一万数千年も咲き誇った縄文文化であるが、地球の寒冷化によって食糧不足に陥り、農業を不可欠とするようになり、弥生文化を導入しなければならず、滅び去ったことが説明されている。しかし、本当のことはどうだったのか、文字記録もなく、語り継がれる伝承もない以上、はっきりした事は判らないが、国家を組織し、狩猟用具を人間殺傷の用具に転換した集団が登場したことによって、事態が一変したのではないだろうか。他の人間を容赦なく殺傷し、武力で支配することをしなければ滅び去る他になかったのである。

卑弥呼の邪馬台国などは、そうして誕生した国家の代表的存在だったのであろう。日本最古の土器は、一万五、六千年まで遡ることになるとのことになりそうである。当初、日本最古の土器は、長崎県吉井町の福井洞窟で発見された隆線文土器であった。これは縄文草創期の土器であった。旧石器文化では、最後の石器になる細石刃《さいせきば》と一緒に採集されたものであった。試みに年代測定を行ったところ、一万二千七百年前という数値が得られた。また、福井洞窟の近く、佐世保市の泉福寺洞穴において隆線文土器が出土した層をさらに掘りさげていったところ、今度は豆粒文土器が見付かった。しかも同時に旧石器が見付かり、しかも一緒に出土したのが、またもや、旧石器文化最後の石器、細石刃であった。その後も神奈川県大和市の上野遺跡でも同様の土器が出土し、最近は津軽半島の青森県外ヶ浜町蟹田でも縄文のない土器、即ち、BC一万四千五百年の無文土器が出土して驚かされた。従来、世界最古の古代文明とされているメソポタミア文明のルーツは、ＢＣ六千年頃のチグリス・ユーフラテス川上流に出現した新石器集落にあるとされていた。日本の文化に当てはめると縄文早期だが、蟹田町の無文土器の年代に比べたら、八千年以上も新しく、これは重大なことである。従って、日本列島は新石器文化の指標となる土器を発明し、世界に先駆けて、新石器文化を創造したばかりか、なんと、一万二千年もの間、驚異的な文化力を持続してきたのである。

縄文人は村を造って定住していた

縄文人と言えば、粗末な毛皮の衣をまとった人達が野山の獣や鳥を追って野生の植物や野生の木の実を求めて放浪する姿を想像するのではないだろうか。いつの間にか、考古学の常識として、水稲栽培が始まる弥生時代になって初めて集落が出現し定住化が始まったという定説ができて、それが真実であるかのように伝えられていた。しかし、平成九（一九九七）年に鹿児島県霧島市の上野原遺跡によりBC七千五百年頃には、五〇軒近い住居や集石遺構をともなう集落になっていたことが判った。縄文早期には、定住生活が行われていた。

青森県の三内丸山遺跡においても、ほぼ同じか、それ以上の規模の集落が縄文早期から前期にかけて存在していたことが明らかにされたが、それでも、予想される遺跡全体の八分の一にすぎないという。また津軽海峡をはさんで反対側の函館市でも函館空港遺跡群（縄文早期）が見付かり縄文早期から集落を形成していた。

倭人の渡来過程

古来、日本列島という極東の島国は、北から縄文人、南から隼人族、海洋民族とで永く住み継がれて来た。天然の食資源の豊富な東北、関東地方の方が縄文時代には人口も多く、文化的にも進歩していた。

ドングリ・トチ・クルミなどや、鮭、他の魚貝類などの天然の食資源の豊富さは、南西地区より勝っていた。

しかし中国の江南、江東河口より始まった稲作農耕技術の進化が紀元前十二世紀頃より発達し、それに従事していたのが、後の倭人の祖先となる住人である。長江東部地区の倭人の祖先となる人達が紀元前八世紀には、朝鮮半島南西部に移住して来て、半島西部の馬韓に広め、そして南部の伽耶地域に居を広げた。そして北九州の西岸から、移住民が増え出し、やがて九州全土（隼人族地域以外）西部四国から全四国、本州山陰、中国地区、大和灘波、北陸、中部、関東、東北、地域へと伝搬し、同時に大陸、半島からも倭人や韓民族が渡来してきた。彼等は、弥生時代に入ると、青銅や鉄などの金属文化を持ち込み、先住の縄文人に同化し、その生活地域を広げていった。

このように、倭国の政状も海を隔てた半島や、その背後の中国東北地区や中国本土の政情と切り離しては考えられないのである。

㈠　本書は、朝鮮半島の古代史について、倭国との関係を重視しながら考察する。半島の中で最も早く渡来してきたのは伽耶人であり、次に倭人となる人達が移住して来た。その後の倭王権の獲得争いは、何より強い者が推測されるのである。

㈡　次に卑弥呼の「邪馬台国」に焦点を当てる。これらは、『記紀』には登場しないが、大半の史家は、卑弥呼を天照大神に比定している。『紀』の編集者は何故、その国の場所と、邪馬台国の女王の出自を判らないようにしているのか？

㈢　邪馬台国に並ぶ古代の出雲について、そこから生まれた神々とは？南方の国から対馬海流に乗って北上した海人系の民族が先住の原住民と合流した古族と、新たに半島からの渡来人が加わり、多彩な民族構成を造る「神々の国」、それが出雲である。『記紀』では、荒ぶる神々の横行する「葦原中ツ国」すなわち出雲は、天照大神が君臨する高天原より天降る皇孫の支配すべき国と見做されているが、古代の出雲国は今日のような島根県の東半分に限定されているような小国ではなく、出雲系の神々は九州から大和を含む全国的に幅広く活躍していたことを忘れてはいけないのである。

※ここで言う神々とは全国的に分布、約百カ国の建国している種族別の首長たちのこと。

㈣　次は吉備国に焦点を当てることになる。吉備は出雲の南、そして筑紫と河内大和の中間に位置し、戦略的にも重要な海陸の交通の要衝を占める。面積・人口共に抜群の大国であったが、古代史の上では、吉備は主役を演ずることなく、筑紫あたりから大和に向かって東上する英雄たちの盟友として脇役に徹していたように考えられる。吉備には早くから中国山地を越え出雲の人々が南下流入し、また瀬戸内海を通って九州の南北の人々も渡来したが、彼らは、吉備国内で、自国の朝鮮半島を思わせるように、住み分けている。

即ち、吉備北部（美作《みまさか》）には高句麗系、東部（備前）には新羅系、中部（備中）には伽耶系、そして西部（備後）には百済系の人々が多く見られる。このような多彩な民族構成をもつ吉備であるが、彼らには、吉備独特の首長葬祭具（特殊壺、特殊器台）を共有することにより、擬制的とはいえ同族的団結を図ったように思われる。

吉備建国説話として、吉備国一ノ宮吉備津彦神社の元宮の「気比比売《きびひめ》大神伝承」や備中国一ノ宮吉備津神社の「吉備津宮縁起」に伝わる温羅（吉備冠者）の討伐説話「桃太郎の鬼退治」や備中神楽にも伝わる「スサノオ命伝承」などにもふれ、古代王権の統治機構を物語る吉備と大和王権との蜜月的盟友関係は、応神朝をピークに、それ以降急速に冷却化し、雄略朝には、吉備の反乱さえ伝えられるようになった。

㈤　次は天の日矛族について、彼らは、崇神、垂仁朝の頃に来日した「ツヌガアラシト」の子孫とも言うが、太陽神信仰族ではなく、実は製銅・製鉄・土木開拓、航海等のハイテク技術集団を率いる人々のことで、西日本に前進基地を設け分布しているが、本来北九州の「伊都国」が最初の渡来地であり、紀元五七年に伊都国連合として、伊都国王として、後漢より金印「漢委奴国王」を授けられている。

(六)　二世紀の中葉、卑弥呼を盟主とする邪馬台国連合が、九州に誕生し、三世紀に入ると魏王朝に貢献、遣使朝貢し、「倭王」として冊封され、その権威の下で半島からの独占的鉄輸入が保証されるようになった。

(七)　列島間では、倭国内の北九州以外の大和地方に新しい建国を求めて、半島方面や北部朝鮮から、辰国を代表する扶余国から渡来して来たのが、初代大和国大王となる罽須《さす》王である。彼は元は高句麗王子で扶余国王の尉仇台となり、大和の倭国王となる（神武大王）。

(八)　既に、大和地方には、中国大陸の江南地区にいた月氏族で物部や海部《あまべ》の親である饒速日《にぎはや》命が、大和の巻向《まきむく》の地で建国中であった。

饒速日命が死去後、その子の宇摩志麻治命が大和の地に神武の東遷成功を見とどけて、一族の安泰を考え、神武大王に支《つか》え初代の大連《むらじ》大臣《おみ》となる。初代大王に支配権を委譲したのは、倭国大乱（一七八－一八四）に当たって、闘争を続け国内を不安定にすることを避け、むしろ協力して安定した王国を築き上げた英断であった。『後漢書』は、「桓《かん》・霊《れい》間」を「倭国大乱」と書き、後漢の桓帝（一四七－一六七年在位）から霊帝（一六八－一八九年在位）との間なので、一四七－一八九年間であるという。二八〇年代成立の『魏志倭人伝』の編者陳寿によるその真意で判るのは騒乱は一七八－一八四年を含む二世紀後半の一七〇－一八〇年代と見るべきである。

(九)　弥生時代は人口増大にともなう耕地拡大や飢饉時の備蓄食料争奪で、集団間の衝突が多発し

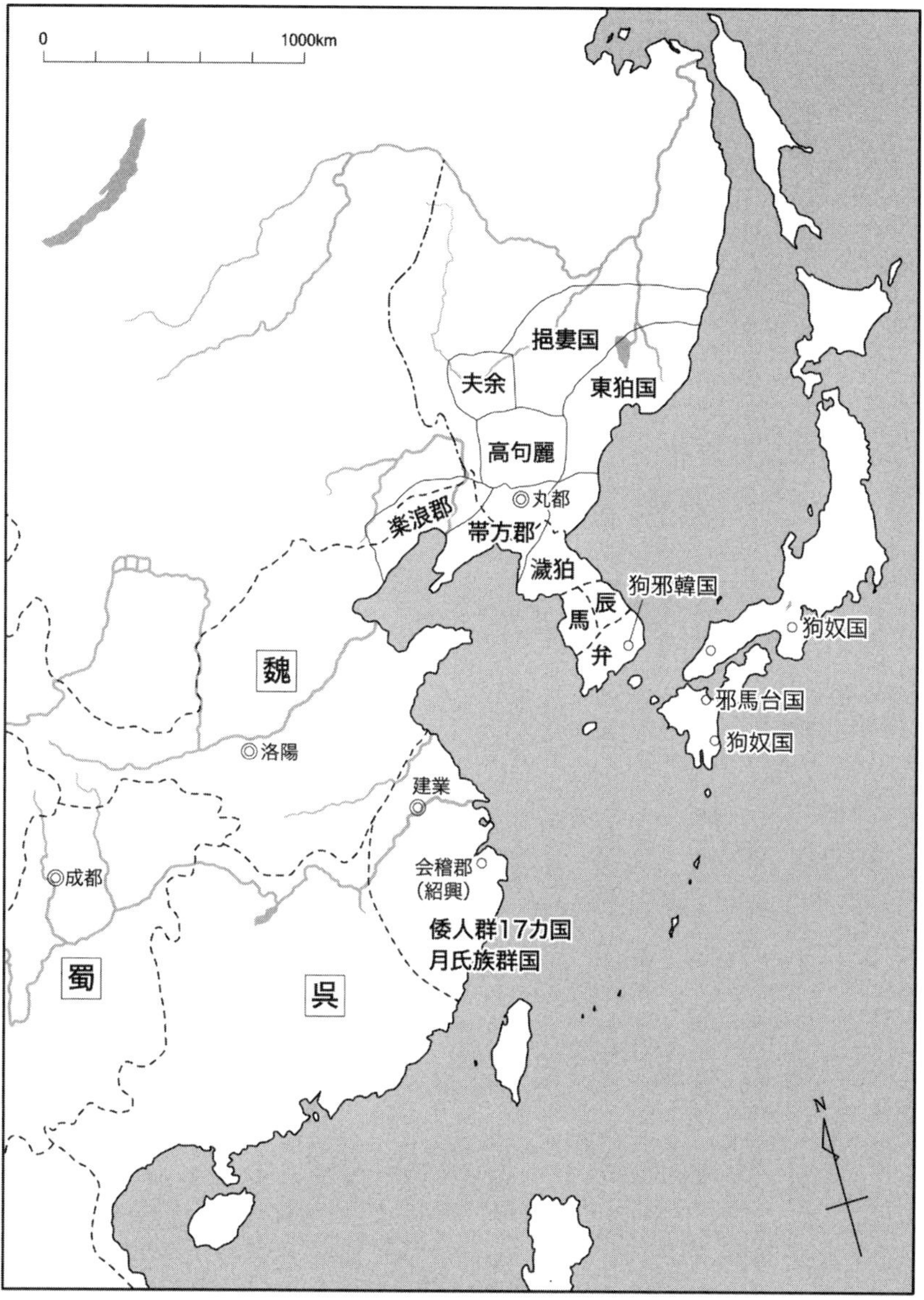
0
1000km
挹婁国
夫余
東狛国
高句麗
◎丸都
楽浪郡
帯方郡
濊狛
狗邪韓国
辰
馬
弁
狗奴国
邪馬台国
狗奴国
魏
◎洛陽
建業
会稽郡
(紹興)
◎成都
倭人群17カ国
月氏族群国
蜀
呉
N

後漢時代〜三国時代

ていたことを、瀬戸内沿岸、六甲山以西までの高地性集落の発達と環濠集落が示している。だが中期以後石器武器の消滅と共に高地性集落も衰退《すいたい》した。しかし、弥生後期に畿内各地で高地性集落が登場し淀川水系から紀伊国にかけ狼煙《のろし》などの通信施設が見られ、このように違う地域で二回に亘り、高地性集落が出現したことになる訳である。

紀元前六〇〇年頃から平均気温が上昇し水稲耕作が本格化してくると、北部九州の人口は増加し始めた。農耕のウエイトが高まると定住する者が増え、高栄養の米食による寿命延長、米食の離乳食による幼児の生存率向上となった。人口増により新規耕地の開拓を必要とし、近隣村との軋轢を生み衝突と争いが起こる。この為、共同武装、環濠集落による防衛が必要となり、ここに賢明で強力な指導者が望まれてくる。その指導者はやがて、その威信や職掌を生かして、かれの一族や配下を支配し、次年度の糠粒など余剰生産物の蓄種を担当して組織の頂点に立つことになる。いわゆる豪族の発生であり階層社会の端緒となった。前三世紀前半からの甕棺墓の発掘や、細形銅剣や銅釧《くしろ》、硬玉勾玉の出土、前二世紀の木棺墓では、多鈕細文鏡、細形銅剣、銅矛、銅戈、硬玉製勾玉が発見され、後の前期古墳に見られる三種の副葬品が揃っていた。早良《さわら》地方の王であろう。

末盧国といわれる唐津市宇木汲田遺跡でも前二世紀の王墓が発掘されている。

前二〇二年、中国大陸では項羽を滅ぼし前漢を建国した劉邦が国内体制の整備と充実を計り、前一四一年即位の武帝は周囲の各国への勢威誇示のため冊封体制という政治システムを敷いた。周辺諸民族を、東夷・西戎・南蛮・北狄と呼び四囲の国王から遣使を求め、これに対し、爵位や印璽《いんじゅ》を与えて君臣の関係を結び、天帝の権威の下に包摂しようとした。この体制に順応したのが伊都国、奴国、遠賀川周辺の国であり、前一世紀のそれぞれの王墓が発掘されている。伊都国は糸島半島の付け根の東西に延びる狭い平野部に発場、前一世紀の前原三雲南小路遺跡を代表として平原五号基、井原鑓溝遺跡、平原王墓が発見されている。伊都国は紀元五七年に後漢の光武帝に朝貢しており、印綬「漢委奴国王」を授けられたものと考える。奴国は同じく前一世紀、福岡平野南部春日丘陵先端の春日市須玖岡本遺跡を中心とする。佐賀平野には前二世紀に、吉野ヶ里遺跡他七カ国の王墓が見られる。

古代の倭人はどこから生まれたのか？

朝鮮半島南部で水田稲作が始まるのは紀元前千年頃である。長江下流域で紀元前千二百年頃に始まっていた水田稲作は紀元前九百年には山東半島に到達していたと考えられている。環黄海地域で畦畔を備えた最も古い水田址は朝鮮半島南部で見付かっているが、最初に畦畔をもつ水田はどこで現れたのか、山東半島なのか朝鮮半島南部なのかは、まだ判っていない。朝鮮半島南部で農耕社会が始まる契機となるのは、長江にいた倭人の祖先である。朝鮮半島南部に農耕社会が成立したことは、後に九州北部で水田稲作が始まる契機となる。九州北部と朝鮮半島の間では、元々数千年に亘る交流があった。海峡をはさんで両地域には数千年前の縄文前期には半島沿岸から九州西岸にかけて、回遊魚を追って移動生活を送っていた海岸漁撈民がいた。彼等は中国製の珍しく高貴な文物や、結合式釣針と呼ばれている特徴的な釣針などを広める運び屋のような役割も果たしていた。

朝鮮半島の南海岸や島嶼《とうしょ》部からは縄文土器が対馬、壱岐、九州北部の沿岸部からは朝鮮半島の新石器時代の土器である櫛目文土器が見付かっている。両地域の人々が漁撈の途中で海岸部や島嶼部の港に出入りしていたことを示す。紀元前九百年代に入ると海岸部や島嶼部に止まっていた朝鮮半島の土器が九州東部や中国地方の内陸部で見付かるようになる（島根県板屋Ⅲ遺跡）。

青銅器時代になると移動先の土地で定着型の農耕民の交流が行われた。朝鮮半島南西部で造られる環濠集落や巨大な墳丘墓に葬られた人々こそ、豊耕社会の成立と有力者の存在を物語っている。

中国大陸の戦国時代に於ける戦乱があり半島の人々は渡海し北九州に移住して来た。
顕著な遺跡は朝鮮半島南西部の墓制である。支石墓であるが遺体を納める棺は、石棺、土器棺、土壙など多様で九州の西沿岸平野から伝わってゆき、そこに定住している縄文人に水田稲作を指導しつつ広めてゆく。

中国大陸に起源をもつ集落の一形態である環濠集落は住居群の周りに壕や土塁柵などをめぐらすものでその規模は長径が百メートル前後から数キロメートルに達するものまである。中国の長江南西部には、倭人の集落が十七カ国あり、長江東北部にも倭人の水稲耕作集落が周時代から存在していた。その倭人集団が、沖縄経由で鉄器を持って西部北部九州へ上陸してきた須玖式方士《はこし》集団である。邪馬台国の前身となる一団と考えられるのである。その海運は、サカ族月氏族の海部《あまべ》氏である。

北九州北部を中心にして上陸して広範囲に支配地を有するに至る。また遠賀川河口から上流にかけて、物部一族も上陸していた。遠賀川式方士集団である。

物部一族は出雲へ進出し、先住の縄文人の集団と同化し出雲古族となり逃避と前進の弥生式文化国へと拡大してゆく。そして製銅式国家集団を進展させる。

古代人の水田稲作はこうして伝搬してゆく。水田稲作は、二百年余りの間基本的に玄界灘沿岸地域に留まり、この地域から外へはなかなか広がらなかった。

東アジアに於ける水田稲作の伝播について述べる。紀元前二千年前に中国長江下流域で始まった水田稲作が日本列島に伝わるルートについては、東シナ海を渡る直接渡来説や、沖縄諸島から北上してくる南西諸島ルート等があるが、長江北東地域の人々の朝鮮半島西南部経由が大多数をしめる。

それは、紀元前一千年前から始まり山東半島から朝鮮半島南西部に紀元前九世紀に伝わり、そこに倭人が原住民となり、伽耶国を作り、後の馬韓、弁韓の住人となる。そして前述の倭人達が九州北西部の玄海灘沿岸の平野部から東部へと伝え、全九州には紀元前八世紀末には拡散が完了していたと考えられる。同時に紀元前八世紀末には香川県以西の瀬戸内沿岸でも水稲農具や朝鮮半島系の貯蔵用の壺など水田稲作を行う上での重要素材が断片的に見られるようになる。山陰側は紀元前七世紀前葉に鳥取平野まで到達し、近畿では紀元前七世紀に神戸市付近に、前六世紀には奈良盆地で始まり、伊勢湾沿岸地域にも到達している。

近畿の日本海側を経由して一気に東北北部まで北上する。前四世紀前葉には青森県弘前に前四世紀には岩盤地域で仙台平野でも水田稲作は始まる。

前八世紀の縄文晩期の土器を使用していた大阪平野の在来民は、季節ごとの短期間で居住地を変える移動生活を送っていた。前七世紀、長原式新段階、遠賀川系土器古段階に古河内《こかわち》の三角洲堆積領域で水田稲作が始まる。

当時の大阪平野には上町台地を潟の入口とする内湾が広がっていた。難波宮の時期に広がっていた河内潟に対してこの内湾を「古河潟」と呼んでいたが、水田はその周りに沿って拓かれている。

水田稲作民は、讃岐などの中部瀬戸内から来た人達で、それは、前七世紀に限って香川県金山産の安山岩が打製石器の石材として用いられている。河内には縄文時代以来、二上山《ふたがみ》という良質な安山岩を出す産地があるのだがこの時期に限って讃岐から石材が持ち込まれていることから讃岐が水田稲作民の故地と考えられている。この段階の水田は一区画の規模が数平方メートルの小区画水田であった。

弥生時代の始まりと特色

約一万年以上に亘る縄文時代は、狩猟と採集と漁撈をする生業化で定住生活が営まれてきた。西日本で稲や雑穀などは畑作の形で始められていたが、北部九州への水稲耕作の伝来が紀元前九百年から始まる。畑作での稲作は、雑草が簇生し易く列島内では手間がかかり非効率であるが、水田での稲作は雑草を抑えて稲の生長を促進させることが出来たのである。水田耕作は、水田の開拡方法、灌漑方法、農工具、石斧、石包丁、貯蔵穴、高床式倉庫などの技術と同時に、土器、青銅器、鉄器、環濠住宅住居、墓制などの弥生文化を導入した。中国大陸からや朝鮮半島からの渡来品、青銅鏡、青銅製武器、小銅鐸、ガラス玉、管玉、養蚕と絹、紡織、鋳造鍛造法、支石墓、卜骨、鳥霊信仰、鳥居、等々。

縄文時代からの列島内での独自のものは、勾玉、漆技術、丸木舟、骨角器、土偶、技歯習俗、木調、土器文様（縄文土器）である。

弥生時代の年区分の見直し

二〇〇二年に国立歴史民族博物館は、放射性炭素年代測定法に基づき、弥生時代の開始期が従来に比し約五〇〇年遡ることを発表し、旋風を巻き起こした。それ以後、測定対象を大幅に拡充し、精度の厳密化を図って今日に至っている。その間、大気中の炭素14の性質、木材の「年輪年代法」から作成された較正曲線への信頼性など多くの論理があり決着は少し先になるようである。「歴博」の発表では、弥生前期は紀元前八〇〇年から、中期は紀元前四〇〇年から、後期は紀元後五〇年から二五〇年となっている。

これに対し従来は前期が紀元前三〇〇年から、中期は紀元前一〇〇年から、後期は紀元後一〇〇年から三〇〇年であった。

尚、古墳時代は紀元三〇〇年から六〇〇年である。

弥生時代になると半島から倭人や韓民族が渡来し、漢民族が青銅や鉄などの金属文化を持ち、半島の支配の為、また中国本土を中心にとりまく五胡十六国時代、秦朝時代、そして前漢時代となり周囲諸国に朝貢させて、冊封体制をとり入れたことで、列島内でも九州北部の『魏志倭人伝』記載の国名とその比定地がＢＣ１００～ＡＤ２５０頃九州にあった。

群小国の中から伊都国奴国は朝貢することで冊封を願い出て倭国を支配することを願い出る。そして先住の諸国の支配する王国となるように須玖式方士集団となり北部九州を中心として先住の遠賀川方士集団を追い出し、またそこへ中国江南から邪馬台国の前身の一団が入国して一大勢力となる。

古代中国の民族的構成に五胡十六国という時代を分析すると次のようになる。

五胡
モンゴル・トルコ系　匈奴・羯《けつ》・鮮卑
チベット系　氐《てい》・羌《きょう》

十六国
匈奴系　前趙・北涼・夏
羯系　後趙
鮮卑系　西晉・前燕・後燕・南燕・南涼
氐・羌系　前秦・後涼・後秦・成漢
漢民族系　北燕・前涼・西涼

こうした小国群は、数を増すにつれ離散と統合を繰り返しながら肥大化してゆき、やがて支配階級をもった国家と呼べるような規模をもったものも列島内でも処々に出現するようになる。やがて、北部九州ではこうした中から単独で「奴国」や、或いは連合して、「伊都国連合」、「狗奴国連合」のように中国の王権に冊封を求めて遣使、朝貢するものも現れた。しかし、漢帝国の滅亡とそれに続く、魏、呉、蜀の三国の建国と抗争や北方の五胡の侵入といった中国本土の政治的混乱に連動した中国系北部地域の扶余、高句麗系騎馬民族の成立と南下や半島南部の辰王国（百済、新羅、伽耶等南鮮の諸王家の本貫）の興亡と流転などの激動は、更に海を距てた日本列島にも波及し、「倭国の大乱」で西日本一帯は一時騒然となるが、そうした中から九州では、卑弥呼女王を盟主とする邪馬台国連合が成立した。このように、倭国の政情も海を隔てた半島やその背後の中国東北地区や中国本土の政情と切り離しては考えられない。

朝鮮半島の古代史について、倭国との関係を重視しながら考察する

半島の中で最も早く渡来したのは伽耶人であり、同時に半島人も多く移住して来た。その後の倭王権と伽耶諸国との継りは何よりも強いものがあると推測される。

次は卑弥呼の邪馬台国について、これらは『記紀』には登場しないが、大半の史家は、卑弥呼を天照大神に比定して、古代史に神格を加えて、倭の始まりとするが『紀』の編纂者は何故、その国の場所と卑弥呼女王の出自を判らないようにしているのか？

次に邪馬台国に並ぶ古代の出雲について、そこから生まれた神々とは、南方の国から対馬海流に乗って、北上した海人系の民族が先住民と合流した「古族」と、新たに半島からの渡来人が加わり多彩な民族構成をする神々の国小国群の首長達である。彼らをその神々と見立て出雲に集合し、会議を開いて、問題を協議し全国をまとめて決定するのが出雲の国である。

『記紀』では荒ぶる神々の横行する「葦原中ツ国」すなわち出雲は、天照大神が君臨する高天原より天降る皇孫の支配する国と見做されているが、古代の出雲の国は今日のような島根県の東半分に限定されているような小国ではなく、出雲系の神々は九州、大和を含む全国的に幅広く活躍していたことを忘れてはいけないのである。

次は吉備国に焦点を当てることにする。吉備は出雲の南、そして筑紫と河内、大和の中間に位置し戦略的にも重要な海陸の要衝《ようしょう》で、面積・人口共に抜群の大国であったが、古代史の上では吉備は主役を演ずることなく筑紫あたりから大和に向かって東遷する英雄たちの盟友として脇役に徹していたように考える。吉備には早くから、中国山地を越え出雲の人々が南下、流入し、また、瀬戸内海を通って九州の北部からの人々も渡来したが、彼らは吉備国内で自国の朝鮮半島を思わせるように住み分けている。即ち、吉備北部（美作《みまさか》）には高句麗系、東部（備前）には新羅系、中部（備中）には伽耶系、そして西部（備後）には百済系の人々が多く見られる。彼らは、吉備独特の首長葬祭具（特殊壺、特殊器台）を共有することにより擬制的とは言え、同族的団結を図ったように思われる。吉備建国説話として備前国一ノ宮吉備津彦神社の元宮の気比比売《きびひめ》大神伝承や、備中国一ノ宮吉備津神社の「吉備津宮縁起」に伝わる、「温羅」（吉備冠者）討伐説話（桃太郎の鬼退治）や備中神楽にも伝わるスサノオ命伝承などにもふれ、古代王権の統治機構を語る吉備と、大和王権との蜜月的盟友関係は応神朝をピークに以降急速に冷却化。雄略朝には吉備の反乱さえ伝えられるようになる。

次に天日矛族について述べる。彼らは、崇神、垂仁、両王朝の頃に来日したツヌガアラシトの子孫とも言われるが、彼らの信仰は太陽信仰族ではなく、実は製銅、製鉄、土木開拓、航海等のハイテク技術集団を率いる人々のことで、西日本に前進基地を設け分布しているが本来北九州の伊都の国が最初の渡来地であった。二世紀の終わり頃、卑弥呼を盟主とする邪馬台国連合が九州に誕生し、三世紀に入ると魏王朝に貢献と遣使朝貢し、倭王として冊封され、その権威の下で半島からの独占的輸入が保証されるようになった。しかし列島内には倭国内の北九州外の大和地方に新しい建国を求めて、半島方面や北部朝鮮の国から、渡来する者がいた。辰王国を代表する扶余国から渡来してきたのが初代大和国大王となる罽須《さす》王である。彼は元は高句麗の王子で扶余国王の尉仇台王となり初代倭国大和の倭国王となった。

既に大和地方には、中国大陸の江南地区にいた月支国の人達で物部の長《おさ》（親）である饒速日《にぎはや》命（火明命）が出雲族の首長となり、銅平刀剣《ひらとうけん》や銅鐸《どうたく》をシンボルにして、大和の巻向の地で倭国の建設中であった。

饒速日命が死去後、皇子の宇摩志麻治命が神武の東遷成功を見とどけて、一族の安泰を考え、神武大王に奉仕し物部一族から大連大臣を輩出する。神武大王に支配権を委譲したのは倭国大乱（一七八－一八四年）に当たって闘争を続け、国内を不安定にすることを避け、むしろ協力して安定した王国を築き上げた英断であった。

『後漢書』は「桓《かん》・霊《れい》の間」、倭国大乱と書き、後漢の桓帝（一四七－一六七年在位）から霊帝

（一六八－一八九年在位）との間なので一四七－一八九年間であるという。二八〇年成立の『魏志倭人伝』の編者の陳寿によるその真意で判るのは騒乱は一七八－一八四年を含む二世紀後半の一七〇ないし一八〇年代と見るべきである。弥生時代は人口増大にともなう耕地拡大や飢饉時の備蓄食料争奪で集団間の衝突が多発して、瀬戸内沿岸、六甲山までの高地性集落の発達と環濠集落が示している。だが弥生中期以後は石器武器の消滅と共に、高地性集落も衰退《すいたい》した。しかし弥生後期に畿内各地で高地性集落が登場、淀川水系から紀伊ノ国にかけ狼煙《のろし》などの通信施設が見られ、このように異なる地域で二回にわたり高地性集落が出現したことになるのである。長期化であった。

神武大王は饒速日命の娘或いは孫娘（事代主の娘）を皇后に立て第一期大和王権を創立し、始馭天下之天皇「ハックニシラススメラミコト」と呼ばれたが第四代大王までは全て物部氏の後裔より皇后が立てられている。やがて六代孝昭大王になって皇后は物部ではなくて、尾張より立てられ、しかもその時邪馬台国の二代目女王台与（※臺与が正式名で略式で台与と記す）は、卑弥呼の神鏡（八咫鏡）を大和朝廷へ返却し邪馬台国はこうして大和王権に合併し吸収されたと伝えられる。

やがて九代開化大王の時、皇位継承をめぐる皇室内の内紛のあと、十代崇神大王が立つに及び、大王家は従来の饒速日命や天照大神の桎梏から解放され「御肇国天皇」ハックニシラススメラミコトと呼ばれるようになった。

十四代仲哀大王が九州の熊襲征伐のため西下、九州で不慮の死をとげるが、その時、皇后といわれている神功皇后の話の「紀の説話」は真実性が疑われるのである。どのようにして応神朝が生まれたのか、そして、神功皇后は誰の為に摂政となり国務を管掌したのか、天の日矛の子孫とされる皇后とは、その血脈とは？　その真実はどうなのか。

○応神大王は何時頃渡来し誰の王子になったのか。

○継体大王は本当の出自では誰を指すのか。

○欽明大王はどうして生まれたのか。

○蘇我氏の出身と欽明朝以降の大王家にどのように関わりを持っていたか。

○「乙巳《いっし》の変」とは。中大兄皇子「天智大王」と天武の実態との裏の戦いとその真実は。

○白村江の敗戦によって起きた政変は。

○藤原不比等とは、その真実は。出身不明瞭！

○文武天皇はどこから来たのか。

○宮子皇后とは、藤原氏による朝廷への関係はどのようになるか。

○聖武天皇の両親は誰になるのか？

古代史を語る主要書籍

○『古事記』『日本書紀』『続日本紀』「風土記」『先代旧事本紀』（物部系史記）『元興寺縁起』（蘇我系史記）
○『三国史記』『三国遺事』『本朝略史』『後漢書』『駕洛国記』『魏志』（倭人伝、韓伝）

○『古事記』（『記』）
天武天皇が稗田阿礼に命じ各豪族が代々伝承され所持する帝紀及び旧辞の誤りを訂正させて編纂をして内容の一本化を図《はか》り稗田阿礼《ひえたのあれい》が誦むところの帝紀、旧辞を太安万侶が筆録して七一二年に完成させたもの。
○この時代の歴史をまとめた『続日本紀』には『古事記』撰録の記述が全くなく、各豪族間の異なる伝承内容は不明であり判然としない。

○『日本書紀』（『紀』）
天武天皇の皇子である舎人《とねりの》親王によって編纂が始められ七二〇年に完成した歴史書。朝廷の公文書として後の歴史観の形成上重要な役割を果たす。一つの伝承を主としつつも異なる伝承についても併記し多くの伝承内容を知ることが出来る（しかし順事、藤原不比等の造る改ざん史と見られる)。

○「風土記」

古代の各地、摂津播磨、常陸、出雲、豊後、肥前の五カ国の「風土記」を稗田阿礼が誦み太安万侶が和文で書き留めた天皇家の私的蔵書。倭国と呼ばれる弥生時代では多くの部族が、(渡来系の人達が)造った国々の為各部族はその出身母体である朝鮮半島以来の伝承を永く維持し重要な歴史書となり後世に残されたものである。

○ヤマト国家は渡来王朝から発生した。特に伽耶諸国からの大量渡来が有り、伽耶と始祖神話「カヤ」についての漢字表記はまちまちで『三国史記』は加耶、『三国遺事』は伽倻、『駕洛国記』では伽耶と表記している。

○『三国史』の『魏志韓伝』によると三韓三種族が記述されている。即ち馬韓、辰韓、弁韓である。弁韓の瀆盧《どくろ》国は倭と接する。倭人は半島南部に居住していた。その後、馬韓は百済に辰韓は新羅に統一され弁韓は伽耶と呼ばれるようになる。倭の領域も弁韓と併合し、伽耶となる。伽耶の有力国家の一つの金官伽耶は、今日の金海地方を領域とする部族国家であった。『魏志韓伝』時代の「狗邪韓国」である。

大和朝廷側では伽耶を任那と言い、狭義には「金官伽耶」をいい、広義には伽耶全体として「任那」と言う。

○縄文時代（1）

紀元前八千年以降、縄文人の定住化と分業化が始まる。関東地方の低地において貝塚が出現し釣針や魚骨などの出土から狩猟採集に加え水産資源を開発していった。土器の形態は尖底土器が多くなり、東部地方では撚糸文土器、中部地方では押型文土器等で地域的な特色が現れる。竪穴住居が出現するが集落の規模は小さく住居内には炉は設けず屋外炉を共同で使用していた。

○その後（2）

紀元前八百年以降北部九州に稲作と金属器を特徴とする文化が成立する。

板付遺跡で出土した、弥生前期において主要な生産用具は大陸系磨製石斧・石包丁・石鏃などの石器と木製農耕具が主体で鉄器はなかった。

北九州に支石墓（前原町志登支石墓群）が現れ甕棺式が出現する。一方近畿を中心とする地域には方形周溝墓が出現し（茨木市東奈良遺跡）中期以降全国に波及する。前期弥生文化はその後半には東北地方にまで波及したと見られるが稲作の普及は速く生業の中心を占めていた。縄文文化は、規模を大きくし、地域に国造りが行われていた。

○弥生時代（BC八〇〇年以降）

紀元前八百年以降弥生文化の成立に際してある程度の新しい人間の渡来があったことは確実だが

大陸からか、半島のいずれの地域からどの程度の渡来規模であったかは充分には判らない。先進的な筑紫平野から出土する人骨には大陸系の要素が強いのに対し、長崎県などの周辺部の人骨は縄文人的な特徴を残すなどの複雑な様相が認められる。このことは大陸で紀元前二百年以降秦帝国による中国統一と秦始皇帝による覇権を目的とする政策と皇帝の長寿目的の百薬を求めてBC二一九年の徐福の大船団（二千人）による渡来や、物部集団の遠賀川式系方士集団が銅製造と銅製武器式祭器と農耕技術を以て新しい文化集団があったことが認められる。

紀元前百年頃、中国では前漢の武帝時代、その命により須玖式系方士《はこし》集団つまり鉄製武器を持った集団の渡来が始まり、遠賀川式集団との抗争が起こり先住の移民集団（物部の元祖を中心とする集団）を北部九州より追い出したので、既に全国的に帰化していた稲作農耕組織の小国化により北部九州から東海地方にかけての地域に大規模な環濠集落が出現していく。小国化したその数は百カ国に及んでいた。そして西日本でも方形周溝墓がこの頃より普及していたことで、北九州で発生した前期弥生文化をもつ集団が大きく移動していたことを知ることが出来る。

近畿地方を中心に銅鐸（農耕祭儀器）、西日本では武器形青銅器の普及と祭祀が行われていた。北部九州では銅鐸は破壊された形でしか出土しない。しかし中国地区島根県山中などで多数の武器形製銅器や銅鐸を出土する遺跡が発見されている。また戦争で死亡した人骨が発見されている（島根県荒神谷遺跡他）。

関東、東北南部では再葬墓が行われている。北部九州では多数の前漢鏡などを副葬した有力首長墓が出現する（福岡県春日市須玖岡本遺跡など）。

瀬戸内海沿岸各地には軍事防衛的性格をもつ高地性集落が出来、銅鐸や青銅器が破壊され放遺されていたことは逃避行をしたことを示す。

朝鮮半島ではＢＣ一九五年衛氏が半島を制覇していたが、ＢＣ一〇八年には前漢の武帝により平定され、その半島支配は楽浪ら四郡に分割され統治されることになる。

半島での独立国が生まれてゆく。

ＢＣ五七年新羅が朴氏により建国。ＡＤ五七年昔氏、ＡＤ二六一年金氏に継がれていく。

ＢＣ三七年高句麗が高氏により建国。

ＢＣ一八年百済が扶余氏により建国。

他挹婁《ゆうそ》・沃沮《ようそ》・濊貊《わいばく》・扶余・高句麗の四郡と玄菟郡・遼東郡・楽浪郡・帯方郡である。

その他三韓と言われる馬韓・弁韓・辰韓が存在していて三韓の種族達は新羅や百済の支配下に各々組み込まれて半島南部に伽耶国として小国に分かれていた。辰韓は新羅に、馬韓は百済に弁韓は伽耶、任那へと分かれて行く。

ＡＤ一五〇年にかけて、この頃の倭人による日本列島内では大和盆地を中心とする物部系国家が先住民族の縄文人と同化して三輪山麓に存在していた。また、伽耶人が北部九州に倭人として波状的に渡来し、種族別伽耶諸国別『後漢書』「光武帝紀」「東夷伝」に記されている奴国や、『魏志倭人伝』に伝記される伊都国、末盧国、不弥国、対馬《つしま》国、邪馬台国が鉄製武器をもった武装集団として九州王国が伊都国を中心として連合体として存在する。

また大伽耶《うがや》と呼ばれた高句麗にあった王族の一派が博多湾岸に奴国を建てた。
また甘木地方に邪馬台国を造り後に宇佐を中心に卑弥呼を生んだ海部《あまべ》一族（サカ族系大月氏族）の支配が出現する。この一団は大陸長江南部にあった倭人集団が大陸より直接倭国に渡海して来たものと考えている。その中に海人の海部《あまべ》の祖先が渡航を企てそして北部の九州に上陸して邪馬台国を建てたということである。

最後に狗邪韓国と「倭人伝」で呼ばれている金官伽羅（駕洛）国のあった半島南部群島の金海地区から九州に渡来し、有明海から肥後方面に勢力を張った集団で鹿児島・熊本・宮崎に古来土着していた隼人族で後の熊襲族を併呑して建国したのが狗奴国である。狗奴国は四国の南西部の諸国をも支配し二十余国からなる連合国となり『日本書紀』で記す海幸彦から生まれる神武倭磐余彦が王となり、海人族として邪馬台国と争い、「倭国の大乱」を起こした敵対国である。「黄巾の乱」と倭人の大量移動と邪馬台国の建国、高句麗の高一族も百済の扶余一族も新羅の朴氏も北部モンゴルから「シベリア南部」「北東大陸満州」へと移動して来た騎馬民族が各々の種族でまとまり、中国の周王朝ＢＣ一〇五〇～ＢＣ七二〇年以降に争いながら王国を造ったとされる異種民族が、先住の中国系江南倭人やユダヤ系韓人からなる小国を建てた雑多混血のモンゴリアンである。漢人もまた同じでありＢＣ七二〇～二二〇頃までは春秋時代から戦国時代であり、秦国はユダヤ系民族の帝国秦始皇帝であったが、その寿命は十二年間であった。中国の儒教や教典を破壊、焼失させ、先帝漢人の大量殺戮が続き、騎馬民族からの侵入を防ぐため万里の長城壁を建造したのである。

○前漢時代があり

紀元前二〇三～紀元一年は前漢王莽朝時代、ＢＣ一〇〇年頃半島を平定し四郡の設置による中国からの支配があり我国にも博多湾から須玖式系方士《はこし》集団が渡海侵入し先住渡来人による弥生式文化を破壊する。この時代北九州の農耕稲作文化は倭国全域まで広がりヤマトの国では饒速日と物部を中心として土豪先住民は外来文化である青銅器、祝儀、祭儀を受け入れている。

物部一族

物部氏族について、その祖神から叙述しようとする筆者にとって、『記紀』にあらわされた饒速日命が神武より早期に大和に東遷し、支配権を譲渡したという神武との関連事項においてその実在性を得たことになる。

饒速日命の出自について

『古事記』で邇藝速日《にぎはやひ》命として二度、『日本書紀』で饒速日命として四度現われるが、それ以外は『記紀』ともに「天火明命」また「火明命」と記述されている。しかも「天火明命」は天忍穂耳尊の御子、「火明命」は瓊瓊杵《ににぎ》尊の御子となっていて、世代も続柄も両者は異なっている。このように、『記紀』本文や「一書」に於いて神名が使い分けられているので解釈に苦しむところである。

さらに、『先代旧事本紀』の「天孫本紀」は、「天照国照彦天火明櫛玉饒速日尊」と書いている。この長い名前の前半分「天照国照彦天火明」命は、『紀』「神代下」の「天孫降臨段第八の一書」に出てくる神名であり、『記紀』神話では、ニニギ尊の兄たる天孫で、同時にその御子が尾張氏祖天香山（同第六の一書）という。後半の「櫛玉饒速日尊」は、前記のように『紀』に四回現れる神名に「櫛玉」の形容詞語をつけたものである。従って『旧事本紀』の神名は火明命と饒速日命を合わせたものであると考えることも出来、事実『新撰姓氏録』では、前者の後裔は天孫部、尾張氏族、後者は天神部、物部氏、石上《いそのかみ》氏族と掲載されていることも注目せざるを得ない。『旧事本紀』が史実を正しく述べようとした意図も汲んで読むことが必要である。

物部氏族は饒速日命が天忍穂耳尊の子で天火明命と同一人物であるという伝承をもっていたが、朝廷関係の伝承と合致しなかった（その功績を割こうと大物主命・大国主神などと混同されやすいよう編纂されたか）ので前記のような曖昧な位置付けになったとも考えられる。尾張氏族は神武東遷時の功臣である高倉下の後裔で海神族であり、綿津見豊玉彦の曾孫前玉命の子であるが、天火明命という神名に変えられていることによる。

海人族と天孫族とは区別する必要がある（宝賀寿男編『古代氏族系譜集成』）。『記紀』の神武事蹟との世代関係を考慮して、物部氏族祖神の系譜を次のように解釈したい。即ち、天火明命は天忍穂耳尊の御子でニニギ尊の兄であり、その御子が天照国照饒速日命であるとするのである。

饒速日命について、原田常治氏は全国の神社由緒書きを精査した結果、祭神が故意に変更されたり隠蔽《いんぺい》されていたことを解明し、しかも大物主命と同一神とし、三輪山祭神は饒速日命であり大物主奇甕《くしみか》玉饒速日尊と改めるべきと『古代日本正史』で述べている。

饒速日が大物主と同一の神と見る考えは、他の著者も述べているが、両神は別神であることに注意したい。即ち、饒速日命は天孫族であるが、海人族である大国主命の和魂《にぎたま》である大物主神とは系譜を異にしているので峻別する必要がある。

物部のルーツを系譜化する。

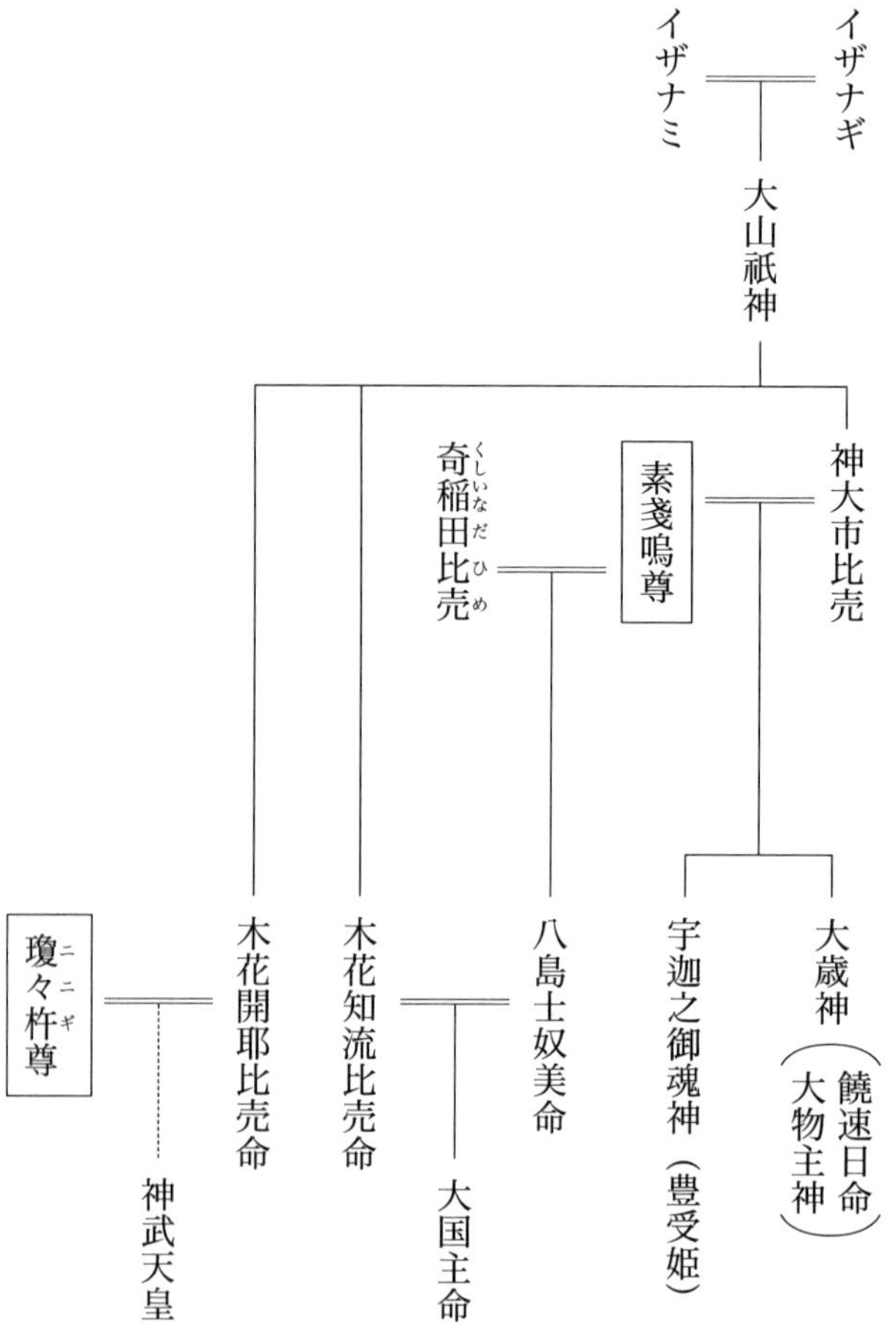

物部のルーツ

大歳神は出雲名（幼名）であり、長じて大和に入って饒速日命として死後、大物神主として三輪山に葬祭。

饒速日命
　　＝――――宇摩志麻治命（物部の祖）
御炊屋姫（登美長髄彦《とみながすねひこ》の妹）

『姓氏家系大辞典』の著者、太田亮氏は次のように述べている。
物部の列島内原住地を筑後平野とし、高良《こうら》大社（久留米市御井町、主祭神は高良玉垂《たまたれ》命、相殿に八幡大神、住吉大神を奉斎）を氏神とする人々が東遷したとみている。物部族をサカ・ツングース系（扶余や高句麗と同じ北方系狩猟騎馬民族）とするその根拠として高良大社の鎮座する高良山は朝鮮式山城であり、物部族の降臨伝承には、船団の氏族構成に、五〜二五というツングース高句麗系の正数が基調となっている。例えば五部人《いつともびと》・五部造《いつともみやつこ》・天物部《あまもののべ》二十五氏族等。

物部族が大和に入り、その本拠地とした布留の地名は、高句麗より分かれて百済建国に登場する沸流《ふる》、温祚《おんしょう》兄弟の沸流に通じ、弟の温祚と異なり韓地での建国に失敗した兄の沸流が九州に渡り、そこから子孫が大和に東遷し物部氏となり本拠を定めた地を布留と名付けたのではないかとみる説もある。

物部族の中には、物部韓国連、物部海連《あま》という氏族もあることから百済系渡来人ではないかとみる説もある。

越智（恩智、小千）という呼名は、物部の名称が用いられる以前の名称とも、また、物部より派生した氏族名とも言われる。四国、伊予の豪族に越智があり大三島の大山祇神を奉斎している。大山祇神を奉斎する山津見族は中国地方から九州南部に至る一帯に根拠地を持つ海人系の部族で朝鮮半島との交流をもつスサ族や天孫族とも婚姻関係を結んでいる。

物部氏本宗家については、彼らが扶余、高句麗系をもつツングース系渡来人と考える確かな理由は、五部制をとっていることや大物主を祀る三輪山に近い箸墓古墳の周濠から世界最古の馬鐙が出土し、また近くのホケノ山古墳からスキタイ系騎馬民族に特徴的な木槨の存在が確認されていることによる。彼らは、日本列島に渡来する前に伽耶・新羅辺りに住み、太陽神信仰を受け入れていたといわれ、かつて岩船神社のあったとされる大阪城の辺りは「太陽の門」と呼ばれ、難波の語源にもなったという。物部氏の「物」とは、「物忌み」「物狂い」等に見られる如く「霊・魂」にかかわる言葉であり、「部」とは伴部《ともべ》を統括する伴造《とものみやつこ》のことで、大王家の為に呪術をもってその安泰を祈り災厄払いで奉仕する氏族として物部連家を本宗とし、さらにその統轄下にある祭具・武具を始め生活用具を生産し、更に航海・警察・軍事に及び極めて広範な職業を包括する集団として「八十物《やそもの》部《のべ》」と呼ばれる大集団、大部族へと発展していった。『先代旧事本紀』には石上《いそのかみ》神宮に伝わる物部氏の神宝が納められている。

「天璽瑞宝十種《あまつしるしのみづたからとぐさ》」鏡・剣・玉・比礼類十種。

「韴霊《ふつのみたま》」布都御魂神　平国之剣。

やがて物部氏は石上神宮を氏神として尊崇し、神宮は朝廷の武器庫としての役割も兼ねる。物部の大連は古代の武人の棟梁としての性格を高め、軍事警察面で大王家に奉仕する。
物部氏の本宗家は北部九州より船団を組み東遷。河内に上陸し、哮《たけ》ケ峯に拠点を置いたが、やがて大和の鳥見（登美）の白庭山に遷った。
矢田には矢田坐久志玉比古神社（祭神）饒速日命がある。饒速日命は在地の豪族、出雲古族系と見られる長髄彦の妹、御炊屋姫を娶り、宇摩志麻治命、物部氏の祖を生む。

○紀元前一〇九年・衛右渠氏、前漢武帝により滅亡する。
　その後・楽浪郡　臨屯郡　真番郡　玄菟郡を設置される。
　　・釜山あたり弁辰狗邪国が出来る。
紀元前八二年　・真番郡廃止。
紀元前七五年　臨屯郡廃止。
　この頃　高句麗により玄菟郡は吸収される。三韓時代各独立鉄器時代の始まり。

神武倭磐余彦はどこから、また何時頃狗奴国の王として生まれたか。高句麗王八代新大王（一六五〜一七九）の子罽須《さす》で扶余国の主となり一七〇頃狗奴国に渡来して神倭磐余彦と呼ばれ天孫として倭神代の天皇となった。『日本書紀』の皇統譜でBC六〇〇年と記述されている人である。実際にはAD一七八〜一八四年の倭国大乱を起こし邪馬台国と覇権を争う。

弥生中期になると北九州では各地から弥生式土器を含んだ遺跡が数多く存在する。そして最も特

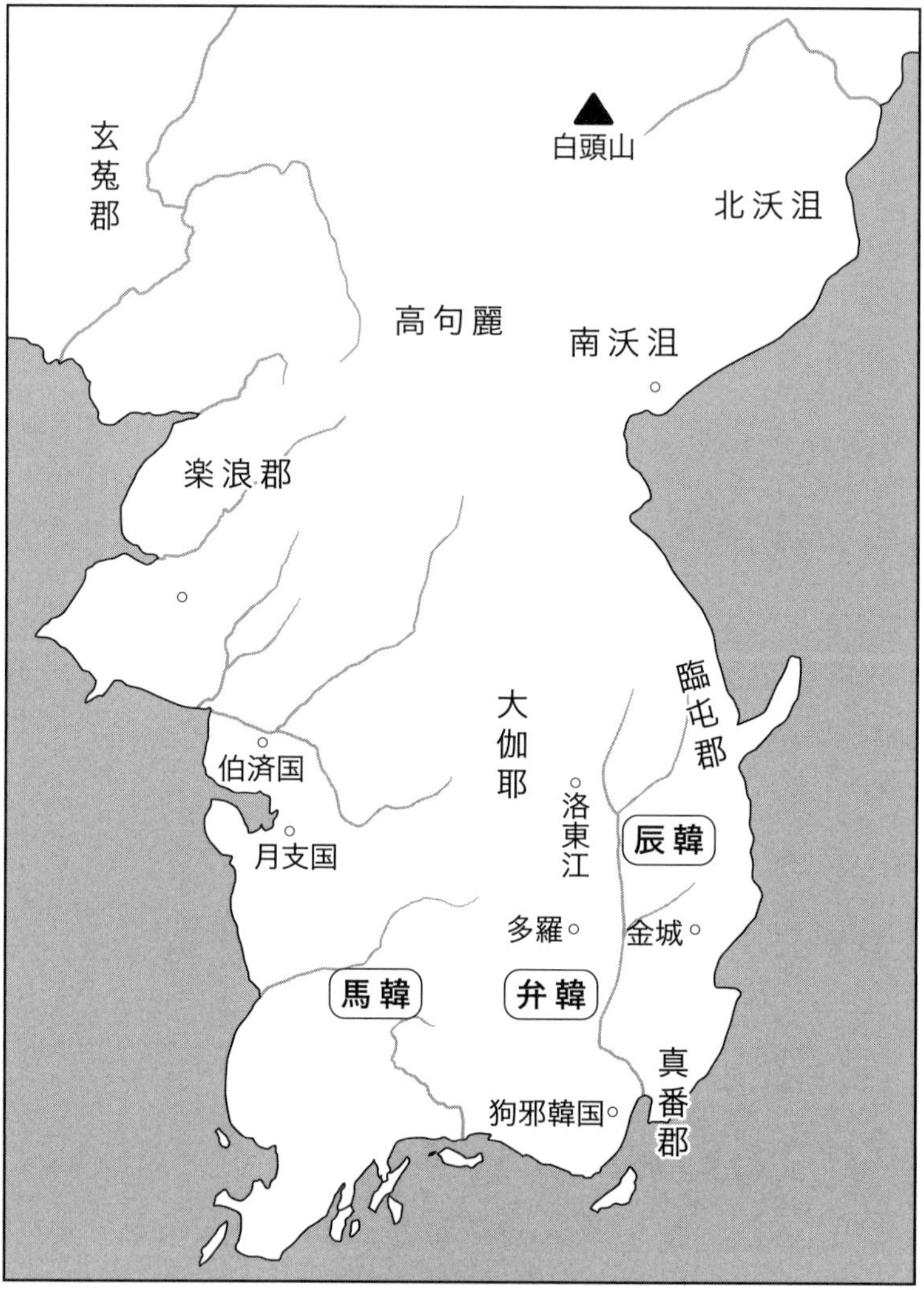
白頭山
玄菟郡
北沃沮
高句麗
南沃沮
楽浪郡
臨屯郡
大伽耶
伯済国
洛東江
辰韓
月支国
多羅
金城
馬韓
弁韓
真番郡
狗邪韓国

BC 110〜AD 50

徴的なことは朝鮮南部と同じ形式の碁盤形の支石墓が造られるようになったことである。これは遺跡の規模と出土品から王侯墓と判定され、この時代に階級国家が発生したことがわかる。また北九州各地では大型甕棺墓が群集する共同墓地も出現している。そして副葬品として多紐細文鏡や青銅製の武器も埋められている。注目すべきは鉄製の刀剣などの出土器でそれが最も多量に分布する所は武装集団が所在したことを意味する。そのような場所は弥生中期には東松浦半島の付け根から博多湾沿岸、さらに内陸にかけてと遠賀川沿岸と有明海の東岸の内陸地域にあり弥生後期になると筑後川の右岸一帯の平野部に及んでいる。

魏使が上陸したという末盧国は東松浦半島の付け根に広がる唐津平野一帯である。

伊都国は福岡県の糸島に相当する「三雲遺跡等」。奴国は博多湾岸の春日丘陵一帯「須玖岡本遺跡」。不弥国は奴国の東方に当たる「立岩遺跡」。

邪馬台国は二世紀末まで内陸の甘木地域にあったと思われる。

しかし二世紀末倭国大乱があり、これらの国々は東に移動し三世紀後半には末盧国は宗像大社がある神湊《かんみなと》に、伊都国は内陸の糸田に、奴国は豊前中津に、邪馬台国も甘木から豊の国に移動した。

博多湾岸には古来安曇海人族が住んでおり、また神湊《かんみなと》を根拠地とする宗像海人族の人たちの船運力を移動に利用し伽耶系の倭人たちを搬送していた。これらの少国家群を建国した集団のリーダーたちは全て伽耶諸国の王族であったと考えられる。

西暦紀元前後大伽耶《うがや》と呼ばれた洛東江の中流の高霊にあった王族の一派は海人族の手を借りて渡来し博多湾岸に奴国を建てた。

高霊より下流の大邱あたりにあった卓淳国か上流の星山にあった伴跛国から宗像海人族と組んだ集団が対馬壱岐を経て肥前の東松浦半島と神湊に進出して末盧国を造ったと考える。それより少し遅れて洛東江の黄江に沿った陜川にあった多羅国からは天の日矛の一族が渡来し博多湾の糸島に伊都国を建て更に近畿方面へと進出して行った。多羅国からは四世紀以降にもタラシ族が渡来している。

その他咸安にあった「安羅国からは出雲へ」の進出が行われ別の文化圏を造った。

五伽耶について『三国史記』と『三国遺事』に金官伽耶を中心にして中小国は阿羅、古寧、大伽《うが》耶《や》・星山伽耶を挙げている。『本朝略史』では大伽耶を中心にして金官、古寧、非火、阿羅、星山伽耶を挙げている。

天孫降臨神話の『日本書紀』では伊弉諾《いざなぎ》尊、伊弉冉《いざなみ》尊は天照大神を生み大和淡路を中心に国造りを行ったと伝承記述している。ここでは出雲は全く無視され越の国も極めて少なく取り扱われている。天照大神の子・天忍穂耳尊の孫の瓊々杵《ににぎ》命尊が降臨し、その子孫が活躍した地は九州南部の日向である。そしてこの時代に北部九州では渡来人が倭国で国造りを行い、先住の倭民旧勢力である遠賀川式系方士集団である物部系種族国家と協調する集団と、これらの集団と武力征討しようとする日向集団との間で戦争が各地で起こった。倭国全土で移住と定住の為大和を目指して東征する集団との建国歴史が『古事記』の天照大神と須佐之男による「天岩屋と誓約《うけい》」神話である。この神話の時代背景は中国の三国史時代であり魏と呉の覇権争の事情を『魏志倭人伝』に伝えているのであり、『後漢書』に伝えている倭国からの後漢王朝への朝貢遣使記事からこの時代には倭国には統治する国が存在していた事が判る。

奈良ヤマト盆地の三輪山麓では先住民と北九州より逃げのびた物部族とで神祀を中心として共存する農耕国家が成立していた。九州の卑弥呼を倭国の女王天照大皇神とし、半島より渡来し出雲北九州の須佐之男との関係を神話として『三国史記』の実話として『魏志倭人伝』で後世に残された資料として、『古事記』は日本の建国史をこの時代から始まることにしている。『日本書紀』の記す神話の時代は『魏志倭人伝』の卑弥呼と一致する。『紀』は「邪馬台国」、「卑弥呼」「台与《とよ》」については一切表記していない。『記』に記す「天照大皇神」は、後漢から魏朝時代に附合している。

神話の中に隠された歴史が実在していて真実の世界が甦るのである。

天照大神は皇祖神として伊勢神宮に祀られる女神で、出雲神素佐之男尊らと、共に伊弉諾尊、伊弉冉尊から生まれたのだが、伊勢神宮祭祀を見れば天照大神だけが天皇家に特別視されていた。なぜ国生みの伊弉諾、伊弉冉でなく、天照大神の方が重要なのか、天照大神とは邪馬台国の卑弥呼ではないのかと見られているのだが、仮にそうだったとすれば伊弉諾、伊弉冉は神話の中の架空の存在であり、天照大皇神は実在した皇祖であるから丁重に祀られているという可能性が出てくる。しかし天照大神は太陽神である本来の男性を女性にして卑弥呼にしたのか。それは卑弥呼が鬼道を駆使する巫女として太陽神を祀っていたからこそ「日巫女」だったから天照大神だと決めようとした。『紀』では天照大神は初め大日孁貴《ひるめむち》尊の名で登場する。「ヒルメ」は太陽神を祀る巫女の意味であり『紀』の編纂者自身が天照を名乗らせる女神を本来の太陽神でないことを知っていて天照大神を祀っていた。もう一柱の男性の太陽神が存在していたということであり、一体どこに消えたのか、消す必要があったのか。本来日本列島には無数の太陽神がいて三世紀のヤマト朝廷によって宗教観の統一が行われ、それ以前も以後も各地方には思い思いの太陽神があり、それを祀っていたはずである。三世紀末ヤマト朝廷が祭祀して来た太陽神が『紀』に登場する太陽神が天照大神であった事にはならない。『紀』を編纂した七、八世紀の政権にとって都合のいい太陽神を創り出したのであろう。

伊勢神宮が今日の姿になって祀られるようになったのは七世紀後半の持統朝の頃からであろう。この持統天皇が天照大神のモデルとなっていた可能性が高くヤマト朝廷本来の男性の太陽神がこの時点で秘匿されてしまったのか。

卑弥呼の出自と邪馬台国の成立

中国で一七二年、会稽の妖賊（「呉書」「孫堅伝」でそう伝承する巫術者をいう）の許昌が句章（紹興・銭塘江河口）に於いて、自ら陽明皇帝と名乗り、息子の許韶（昭）と何万もの民衆を扇動して反乱を起こした。呉の初代孫堅は当時、軍の司馬（軍事の官）だったが、一千余人の兵を率いてこれを鎮圧した。この功により孫堅は中央に孫堅ありと認められるようになったのである。しかし、許昌父子を殺したとは史料にないから、許昌父子は逃亡したと考えてよい。その逃亡先は日本列島だったと考える。その理由は、まず許昌父子の反乱の翌年の一七三年に、新羅の阿達羅王に卑弥呼が使者を派遣していることだ（「新羅本紀」阿達羅二〇年条）。これは、南の海上から来たアユダ国王女許黄玉に投影されている（「駕洛国記」）。アユダ国という国は、当時、インドに存在した国だが、許黄玉という名は卑弥呼が通じていた鬼道ともいう中国の巫術と関係が深い。許黄玉の許姓が巫術者一族に通じる。さらに中国では仙女は鼻の上に黍《いぼ》ぐらいの大きさの黄玉をあざのように付けているのが特徴と考えられており、それがない者は偽者とされていた。このことから黄玉と名乗っているのは、仙女であることを示す。仙女とは道教的な仙人の女性版であり、霊験あらたかな巫女に近い存在といえる。江南は巫術、しかも巫女のメッカだから、南海上から来たアユダ王国の王女許黄玉とは、江南から来た巫術の許氏一族の巫女、つまり卑弥呼というのである。許一族が中国でどんな存在だったかも知る必要がある。まず、黄巾の乱と、反乱の原動力になった許氏の巫術について説明する。

巫術は中国人の庶民階級に深く浸透した道教的呪術者と言ってしまえば簡単であるが、具体的に、巫術に卑弥呼が長じていた鬼道とは、同じ道教的呪術と考えられているが、鬼道の鬼とは、魂が天に昇る前の死者を言う。悪く言うと魑魅魍魎の類いにもなりうる状態の死者である。鬼道とは、その道に通じた人というのが文字づらから見た解釈になる。

紀元一世紀に巫術の中心地である江南の紹興に住んでいた王充によるが、巫女は元弦（楽器の類いといわれるが詳細は不明）を叩いて、死人の魂を下ろし、死者に話をさせるとある。それだけではなく、吉凶を占い、時には日照りや雨乞の時、犠牲として天に捧げる場合もあった。周の時代には手に茅《ちがや》を持って舞った。『記紀』にみる天岩戸に隠れた「天照子」を誘いだすため、手に小竹葉を持って舞ったアメノウズメの命が巫女のオリジナル版というのは通説である。

これらは主に巫女の場合だが、戦国時代中期以後、中国民族共通の祖先と考えられるようになった黄帝も、風雨を支配する巫者の条件になっていくようである。

我々が現在見ることができる中国の史料はだいたい正史なので、中国歴代王朝が支持した儒教が中国の民衆の基礎哲学と思い込みがちである。しかし、現在では初期の時代から近代に至るまで道教的観念と渾然一体となった巫術が民衆を心身共に支配していたという説が有力になっている。

最近の中国の研究者は、古代においては、王自身がシャーマンであり、シャーマンの長であったと考えているようだ。しかし中国の古代はシャーマン＝王だったとしても、為政者が儒教を民衆統治の手段にしてから後、本当の意味で民衆を心身ともに支配した巫術者の行為は、おおむね時の権力に対してアンチテーゼとして働くため、裏面史として史料に残される例がきわめて少ない。また、正史の編者はすべて官職にある者、或いはあった者だから為政者の立場、つまり時の王朝からみた歴史を記述するという限界がある。だから民衆の中から起こった巫術者が指導する反乱は断片的記述から丹念に拾い出す他はないのである。「許氏の乱」にしても、『後漢書』・「呉書」のわずかな記載と、先述したように「資治通鑑」（漢紀四〇）の一〇一年に巫蛮の許聖が、税の不平等を恨んで反乱を起こし、南郡（長江中流域）の諸郡を略奪したとある以外はみられない。この反乱は翌年四月に荊州の兵一万余をもって鎮圧したので許聖は降伏し、反徒は江夏（武漢市周辺）に移されたという。

　この頃、後漢を摂政していた竇《とう》太后はすでに亡くなり、孝和帝がようやく親政を始めていた。孝和帝の皇后陰氏の祖母の朱氏は宮廷の奥深くに出入りし、巫者を招き入れ、孝和帝の寵が衰えたのを恨んでいた陰皇后と計画した謀反が発覚するという事件が起きた。その結果、朱氏の子の男子は全て殺され、陰皇后も廃された上、憂死した。皇太子が呪咀を計画したという「巫蠱《ふこ》の乱」で漢の武帝が皇太子を賜死させたように、当時巫術は、宮廷を左右する程の力を持つと考えられていた。この後、後漢が滅亡するまで、宮廷内は太后による摂政と外戚の専横、宦官の跳梁が相次ぐ政治不在の時代になる。特に桓帝の一六六年から一六九年にかけて、宦官が共謀し、高官を党人（謀反を計画するグループ）と称して相次いで投獄、獄死させる、世にいう「党錮《とうこ》の獄《ごく》」事件が起きている。このように、後漢朝が内紛に取り紛れている間に、周辺の異民族は力をつけ、中国周辺部を支配するようになった。異民族だけでなく、許聖の反乱から七十余年後の一七二年、先述の許生（昌）が一一月に反乱を起こしているが、翌月の一二月に司徒の許栩《きょくよ》が罷免されたとある（『後漢書』「孝霊紀」）。許栩の罷免は許生（昌）の反乱直後だけに、許栩は許生の一族でありその縁に連なるゆえの処罰だったのではないかと思われる。そうすると許氏一族は後漢の要職にあった者もいたことになる。許氏の巫術が、何時頃から民衆の間に影響をもちだしたのか、また教義がどのようなものだったのか不明である。また許生（昌）が許聖とどのような血縁関係にあるのかも判らない。唯、許生（昌）は父親を越王の位につけたというから、もともと江南の住人であり、巫県（南郡）の許聖の直系ではないかもしれない。補注『後漢書』（孝霊紀）では、会稽人許生が、越王を自称して反乱を起こしたとあり、『後漢書』分注引用の「東観記」には、許昭が父親の生を越王としたという。生は昌のことだろうが、このあたり混乱して、どちらが正しいか判らない。今は「呉書」による。

　この許生（昌）・許詔（昭）父子が一七二年、孫堅の軍勢に追われて、長江の河口から海外に亡命し、奄美大島を経て北九州に定着し、翌年の一七三年、『新羅本紀』にあるように、その許氏一族の卑弥呼（許黄玉）が新羅の阿達羅王に親交を求めて使者を送ったと考えられる。

　当時列島は奴国の権威が弱まり、国々が互いに紛争を繰り返していた。「倭国の乱」といわれる時代だった。後漢に追われて海外逃亡とはいえ、江南の巫術の名門で知られた許氏一族が到来したのである。しかも一族には巫術に長じた女性、許黄玉（卑弥呼）もいた。

　その頃の列島内の小国王たちにとって、海外からの為政者の渡来は珍しくなかった。卑弥呼の場合、戦いがあった様子もなく『魏志倭人伝』に倭人達が共立したとある。列島の人々にとって、江南の許氏一族は、貴種中の貴種であり、倭王として擁立することに反対する余地はなかった。そして伊都国王の難弁来が率先して卑弥呼を擁立して、九州一帯に覇権をとなえたのであった。

　このような事例は許氏卑弥呼だけではない。半島の例だが、許氏の乱に続く黄巾の乱の場合でも同様のことが起こっている。「黄巾の乱」の残党が新羅王になったのである。しかし度々述べるように新羅といっても、三国時代の新羅ではなく、辰韓（半島東南部）の中のある国という意味であることを念頭にとどめておきたい。黄巾の乱が掃討されたのは一八四年だが『新羅本紀』にはこの年阿達羅王は死に、伐休王（尼師今）が即位したとある。伐休王は脱解の孫ということになっており、阿達羅王に子がなかったので、国人が擁立したという。伐休王は風雲を占い、洪水や日照り、その年の豊凶を占う能力があるので人々は聖人と称した。巫術を含めた道教の聖は儒教の仁に対比されるものかもしれない。これらのことから、伐休王は巫術者だったとみて差し支えなく、伐休王は黄巾の乱が掃討された年に、新羅王になったことからみて、黄巾の乱の残党とみてよいのではないか。伐休王は中国を追われ、倭国の許氏の庇護を受け新羅王となったと思われる。卑弥呼の大夫難升米が横童を魏から貰っている。この一派は黄色を重んじ、黄色の鉢巻を印にしたため、黄巾の乱と言われるのだが、それは巫術者の祖として彼等が信仰する黄帝の色の黄色からきている。黄色は一般的に皇帝の色である。それは巫術者の反乱として、呉に追われた卑弥呼一族をとり込もうという意味があったのだろう。それは卑弥呼が倭女王であることを認めると同時に、張氏と共に許氏が一方の旗頭であることを魏が正式に認めたことであったということだ。

以上、小林惠子《やすこ》著の『江南出身の卑弥呼と高句麗から来た神武』を参考にしました。

素戔嗚尊、須佐之男尊について（神話）

天照大神の弟とも言われるが（史実上の弟）そうではない。『記紀』で語られていることを述べる。スサノオは乱暴で残虐で泣きみそで手に負えない性格の為、根の国（冥界地上界、海底の国）に追放される。天照大神はスサノオに高天原奪取の奸計があるのではないかと疑う。

そこでスサノオは弁明のために天真名井で誓約《うけい》を行った。この時生まれた神が宗像神と天皇家の祖神となる天忍穂耳尊らであった。

身の潔白が証明されたと勝利宣言をしたスサノオはさらに乱暴を始めたので仰天し激怒した天照大神は天石窟に隠れた。そこで八百万《やおよろず》の神々は天石窟の前で踊り狂った。そして、賑やかさを不審に思った天照大神は石窟から出て復活した（台与の誕生）。これが天石屋神話『日本書紀』である。スサノオは葦原中ツ国（地上界）に追放される。降り立ったのは出雲国の簸《ひの》川の上流であった。ここでスサノオは八岐大蛇を退治して奇稲田比売《くしいなだひめ》と結ばれ須賀の地に宮を建て大己貴神《おおなむち》（大国主神・大物主神）を生んだ。

こうして葦原中ツ国の基礎を築いたスサノオは根の国に去り、その後、大己貴神が出雲を建国する。日本列島が創造され神々がなぜ最初に出雲に舞い降りたということにしたかったのか、『記紀』の神話の謎は正にこの点にある。

出雲は都から見て方位学で忌《い》むべき方角にあったから、それを天皇家の祖神が征服するという設定を必要とした。しかも考古学の進歩によって弥生時代後期から古墳時代にかけて出雲に無視出来ない勢力が存在したこと、しかもヤマト建国に出雲が重要な役割を演じていたことが判ってみるとこれまでの通説が通用しなくなったのである。大切な視点は次のようである。

「第一に弥生時代後期からヤマト建国にかけて出雲に大きな勢力があったのならどんな活躍をしたのか」

「第二にその出雲をなぜ『日本書紀』は神話の世界に封印する必要があったのか」

大己貴神は実在した出雲の神として、その神に数多くの名が与えられていることの意味は『日本書紀』にまたの名が大国主神と大物主神とあり、さらに葦原醜《しこ》男、八千戈神、大国魂（玉）神顕国玉神とも呼ばれていたとも記述されていることである。神話の神の名にこだわるその理由はなぜか。歴史にとどめると都合の悪い人物には多くの名を与え正体を抹殺する必要があるからである。大《おお》己貴《なむち》神は秘密を抱えた神であった疑いがあるからである。神話の世界の大己貴神は実在したのかという疑問だが「出雲」そのものが歴史上抹殺されているのは、その正体を隠し消す必要があったと考える。

出雲建国の後、天孫族は地上界を支配しようと目論み、出雲を奪い取ろうと画策する。

多くの神が工作要員として送り込まれたが皆出雲に同化して復命してこなかった。その中の一人が天穂日命で末裔が出雲国造《みやつこ》家となる。結局、最後の使者となった経津《ふつ》主神と武甕槌神が出雲神に国譲りを強要し天孫降臨へとつながった。

出雲の国譲りを受け入れた出雲神は皆敗北を認めて夜逃げのような形で実施した事が「火継ぎの

神事」を行うことで後世に伝えていることは「この祭」が大国主神の実在を認めた隠された真実であることを今に伝えている。

大国主神と大物主神は同一神か。ヤマト建国の秘密を握る神である

奈良桜井市の大神《おおみわ》神社はヤマト朝廷が最も崇拝した神社の一つである。主祭神は出雲神大物主神で大己貴神大国主神と少彦名《すくなひこな》神が配祀されている。本来同一であるはずの大物主と大己貴が並んでいることから別神ではないかと疑ってもよい。『日本書紀』には出雲の国譲りの直前、大己貴神が海岸を歩いていた時海に妖《あや》しい光が照り海に浮かび上がって来る者がいた。名を問うと「私は貴方の幸魂奇魂《さきたまくしたま》（和魂《にぎたま》）である」と告げ「ヤマトの三諸山（三輪山）で大神《おおみわ》神社の神体に住みたい」と言うのでその地に宮を建てた。即ち、大己貴神の和魂《にぎたま》が大物主神であり二神が並んで祀られても同一の神と見做すということである。和魂《にぎたま》は荒魂《あらたま》と対《つい》になっていて、神には温和な面と荒々しい面の二つの顔がある。

幸をもたらす神と祟りをもたらす神があるということ。大己貴神は和魂を三輪山に移し、荒魂を出雲で祀ったということであった。

しかし大己貴神＝大物主神は本当に同一の神であったのか、不可解なのはヤマトに移った後、和魂の大物主神が祟っている。『日本書紀』によれば第十代崇神天皇の御代に天候不順や疫病が出て民が農地から離れることが起こっている。そこで占ってみると、「私を祀ればうまくいく」と大物主の神話を得た。言う通りにすると、災難は消えた。このことは大物主神の祟りに他ならない。『古事記』によると大物主神は祟《たた》る神であると記録している。和魂のはずの大物主神がなぜ祟った

のか？

大物主神の「物」は「物の怪《け》」の「物」であり鬼は古くは「モノ」と呼び習わされていた。即ち大物主神とは「大いなる鬼の主の神」であり「祟りの神」であったのでヤマト朝廷は大神《おおみわ》神社を丁重に祀り、暴れないことを祈願していたということである。ではなぜ『日本書紀』は荒魂《あらたま》の大物主神を大己貴神の和魂だと偽証する必要があったのだろうか。それは八世紀の朝廷がヤマト建国の二、三世紀に何らかの事件が起こっていた事実を抹殺する必要があったということであろう。

大物主神と大己貴神の正体を明かすことがヤマト建国を解明する近道である。

稲羽の素兎《しろうさぎ》に秘めた歴史

出雲神話の中で『古事記』が記す稲羽の素兎《しろうさぎ》の内容は次のようなものである。大穴牟遅神《おおなむち》（大己貴、大国主命）には多くの兄がいた（八十神《やそ》）。彼らは稲羽（因幡国《いんばのくに》）の八上比売を娶《めと》ろうと大穴牟遅神に荷を持たせ従者のようにして稲羽を目指した。気多の前に着いた時、裸の兎が苦しんでいるのを見て八十神達は海水を浴びればよいと嘘の治療を教える。その後からその場に着いた大穴牟遅神に苦しむ兎が言うには「私は沖の島からこの場に渡ろうと思い和邇（サメ）をあざむき、『一族の数を競おう』と話をもちかけた。和邇を沖から気多まで並べてその上を飛んで渡ろうとしたが、最後の一匹というところで『お前らはだまされたのだ』と告げると和邇は私を捕らえ身ぐるみを剝ぎとり、その後八十神たちの言うとおりにしたところ、余計に体が傷ついてしまったのだ」と告げると、八十神は八上比売とは結ばれない、そして自分を治療してくれた大穴牟遅の神には「あなたと結ばれるでしょう」と予言した。これを知った八十神は大穴牟遅をいじめて殺してしまう。後に大穴牟遅神は復活し八上比売と結ばれた。以上が稲羽の素兎神話である。

この神話に隠された真実とは以下の事情がある。この話の中の素兎は単なる「ウサギ」ではない、和邇も「サメ」ではない。素兎は八上比売の化身である。そして素兎が飛び移った和邇は海上交通上の拠点である島々で、それは対馬や壱岐といった朝鮮半島との交易ルートをおさえる島々のことで、素兎（八上比売）を得ることは制海権の確保を意味するのである。

古代社会、日本の流通・政治・軍事の根幹はいかに海を制するかにかかっていた。大穴牟遅神が出雲を建国したという神話は八上比売が追い求めた海の支配権を確立することが出来たからに違いない。未だに海蛇に対する強烈な信仰をもち、彼らが強く海と繫がった人々であったことを伝えている。

事代主神（言代主神）ヤマト朝廷と結びつく出雲神の謎、何故事代主神が出雲の命運を握っていたのだろうか。大国主神の子が事代主神である。後世この親子は七福神の大黒様とエビス様にそれぞれ習合した。

『日本書紀』によれば、出雲の国譲りに際し、天神の経津主神《ふつぬし》と武甕槌神《たけみかずち》は五十田狹《いたさ》の小浜で大穴牟遅神に国を皇孫のために明け渡せよと迫った。そこで大穴牟遅は事代主神に使者を出し、事代主神は「天神の命に従うように」と言い残し波間に身を投げた。こうして出雲の国譲りの決定を事代主神が行った。それがこの神が「言代」神の言葉を代弁する属性を持つ神＝「言代主神」となる訳である。

古代の山陰地方は、日本の「表」は日本海であったので出雲は海上交通の要衝であり、海の信仰と深く継り朝鮮半島の文明文化の表玄関であった。初代神武天皇が東遷の際の正妃にした媛蹈鞴《たたら》五十鈴《いすず》姫は事代主神が八尋熊鰐《やひろわに》に化けて摂津の三島の玉櫛姫を娶り生ませた娘である。神話から生まれた話『紀』。出雲国造《くにのみやつこ》が新任する時に朝廷で読み上げる「出雲国造神賀詞《よごと》」には出雲を代表する四柱の神々の「和魂」をヤマトに移し祀り、ヤマトの守り神になることが記されている。その中の一神が事代主神でこの神は奈良県橿原市雲梯《うなて》町に祀られている。

第十〜十四代王朝までを簡単に解説する。

まず邪馬台国という母体を元にして連合国といったものがあって卑弥呼女王が半島の南西部と二十九カ国を統合する王者であったが、老歳により敵対する狗奴国との戦いの最中（二四八年）に崩御し、連合結束力も弱まり、十三歳の宗女日女子即ち台与が女王に再任され邪馬台国が権力抗争を治めることが出来た。ヤマト朝廷内も神武一派も四代目を甥にして、その後は天日矛一族が畿内周辺を支配する。また北九州豊後に宮を置いていた卑弥呼が支配していた国も海部《あまべ》一族の「海運力」で丹後に移動していた。そんな時、邪馬台国諸国連合の一つである不弥国の王『記紀』で言う水沼君の御間城入彦が風雲に乗じて一時は連合の盟主となったが他国首長の反乱で失敗して狗奴国の一部（後の大伴氏）などと共に東遷しヤマトにあった物部系の女系王朝に婿入り（孝元の孫の御間城姫）する形で権力を受け継いだのである。ただし崇神（御間城入彦）が出た不弥国もまた数代前に遡れば伽耶からの渡来王国ということになる。また十一代垂仁天皇については、ヒボコ系と深い継りがあった。崇神垂仁の二代王朝の係累には五十瓊敷入彦《イエシキイリ》とか渟名城入姫《ヌナキイリ》のように名前にイリがつく者が多いのでこの王朝のことを別称イリ王朝と呼んでいる。

タラシ王朝渡来というのは多羅国系の複数の王たちの大タラシ彦を合成した者だという（十二代景行天皇大足《オオタラシ》彦忍代別）。

十三代成務天皇稚足《ワカタラシ》彦は五支城（五百木）国王で崇神の孫に当たり豊後の国で香春《かわら》の銅の生産に関与し日矛の系譜から生まれた日葉酢姫即ち息長足姫を皇后にし、応神天皇の誕生に深くかかわっている。そして第十四代仲哀天皇足仲津《タラシナカツ》彦である。この天皇は息長彦人大兄命の息女大津中媛を皇后とし香坂熊坂二皇子を残して九州征復戦中に熊襲軍に敗れて死去したとされている。

多羅国の王子だった日矛は二世紀末の倭国大乱の頃、半島南岸にいた安曇《あづみ》系の力を借りて北九州の博多湾に上陸し糸島に拠って伊都国を建て、ついで糸島に遷し、その東にある豊前の香春《かわら》の銅の生産に関与し邪馬台国グループにも貢献したものと思われる。そして多羅族主流の日矛は瀬戸内海を東遷し播磨に上陸し生野などの銅山を支配し、丹波、山城を経て近江に出て、北上し若狭、越前まで進出し、敦賀付近にも根拠地を築いたが、最後は但馬の出石《いずし》に定着し同族の統制を図った。この経路は『播磨国風土記』や『日本書紀』の記事で裏付けている。息長足姫は日矛族の末裔であり一時は旧多羅の紛争に介入して出兵している。多羅の王族の一部は倭国内の日矛系勢力の支持を受けて次々と渡来しその中の有力者の数人は「大多羅《おおたら》し彦」と呼ばれたことであろう。『記紀』が個人として描くオオタラシ彦景行天皇とはこのような複数の大多羅彦を合成したものと思われる。なぜなら余多の妃を持ち八十人の子を持ったなどといわれているからである。『古事記』では第九代開化天皇とヒコクニオオゲツ姫（袁祁都《おけづ》比売）との間の子として日子坐《います》王がいたとしている。この王の妃には山城近江などの王者の娘四人がおり、その子孫は丹波・因幡・伊勢・若狭・甲斐など諸国に発展している。また日子坐王は近畿北部の隠れた大王であり実はヒボコの孫の斐泥であったとしている。

多羅系一族の渡来は百済系の辰王としての渡来とは異なる系統のものであり、いずれにしても三世紀後半のヤマト王朝の実態を探ってみる必要があるだろう。崇神と垂仁とは親子ではなかったが辰王になった者が渡来して倭王となったイリ王朝と景行複数人物によるタラシ王朝とは異なる系統であった。

辰王朝応神天皇継体天皇の出自と欽明天皇の出自とはどう解決するのか？

まずその前に天日矛とは、多羅国の王子、後の新羅に吸収されることから新羅の皇子と言われている。二世紀に安曇系海人族によって多羅国より糸島に渡来して、伊都国を建国し、邪馬台国の卑弥呼に協力援助し倭国統一の為狗奴国王狗古智卑狗《くこち》と戦い、そして瀬戸内海を東遷し播磨の銅山を支配し、子や孫の代には丹波、山城、近江、若狭、越前、敦賀、但馬を治め、垂仁朝、タラシ王朝、そして直系七代に息長足姫を輩出、応神王朝を生み出し河内難波からヤマト地区へと進出していった。

ここに天日矛の一族の系譜を見て頂きたい。

天日矛（多羅国王子伊都国王）
二代目母呂須玖（吉備諸進）孝昭大王の王子
三代目斐泥（日子坐王）孝安大王の王子
四代目比那良岐—五代目比多訶—六代目葛城高額姫《たかぬか》
日子坐王
袁祁都比売《おけつ》
—伊理泥王—阿治佐波姫—加邇来雷王—息長宿弥
—息長足姫（成務大王皇后、神功皇后、応神大王の摂政となる）

前王朝崇神、垂仁、景行、成務までは大和盆地において開かれたもので、その後の神功とその養子応神は宇佐神宮を中心とする。

朝鮮半島からの渡来に始まる旧邪馬台国連合から蘇我、葛城、大伴、紀らの渡来一族の支援の下に播間から難波に移り応神朝を開き仁徳から武烈までこれを難波王朝という。

神功摂政女帝となり、成務大王死後の六年間と応神が三九〇年に三五歳で即位するまで応神の摂政を続けたのである。

応神王朝の特長は、大陸の漢民族の晉、宋、斉、梁、陳という王朝が交替して興亡しており、これらの各南朝へ各代の倭王が遣使朝貢を繰り返し倭国王の半島諸国への支配権を主張しその認承を得ることであった。

半島から余多《あまた》の渡来が増えたこと、緊密度が濃く、例えば高麗百済任那伽那新羅から工人が来て田護池を造ったという記事がある他、百済から縫衣工女が貢がれたり、弓月君が一二〇県の人夫を率いて帰化したとか、百済王は阿直岐を遣わせて良馬を贈って来た。王仁《わに》が来て皇太子の師として学問を教えるようになり、倭漢直《やまとのあやのあたい》の祖先である阿知使主も一七県の党類を率いて来た。秦氏の子孫達も多数来日している（「雄略紀」による）。上道臣の田狭は自分の妻が美人であると自慢したのを聞き、雄略大王は田狭を任那の国司に任命し、田狭の稚媛を自分のものにしてしまう。そこで、任那に渡った田狭は大王に対抗する為新羅の支援を求め、その後百済、高句麗も勢力争いに加わり倭から半島への出兵まで起こり半島は戦乱状態となる。この頃の「新羅本紀」には四四〇、四五九、四六二、四六三年に倭人の襲来があったと記され、このように田狭の任那国司への任命が波紋を起こす。新羅と高句麗との不和となるが任那は新羅を援けて高句麗と戦うようになる。そこで雄略大王は新羅と戦うことになり大伴談や紀小角を出兵させたが敗戦となり、そして、高句麗は百済に大攻勢をかけ滅亡させ、蓋鹵《こうろ》王は四七五年殺害される。そこで雄略大王は百済を再建するため汶周王に熊津を与え、遷都させる。そして昆支を倭国に呼び武烈大王死後、後継がなく後に継体大王として迎えることになると伝えられている。

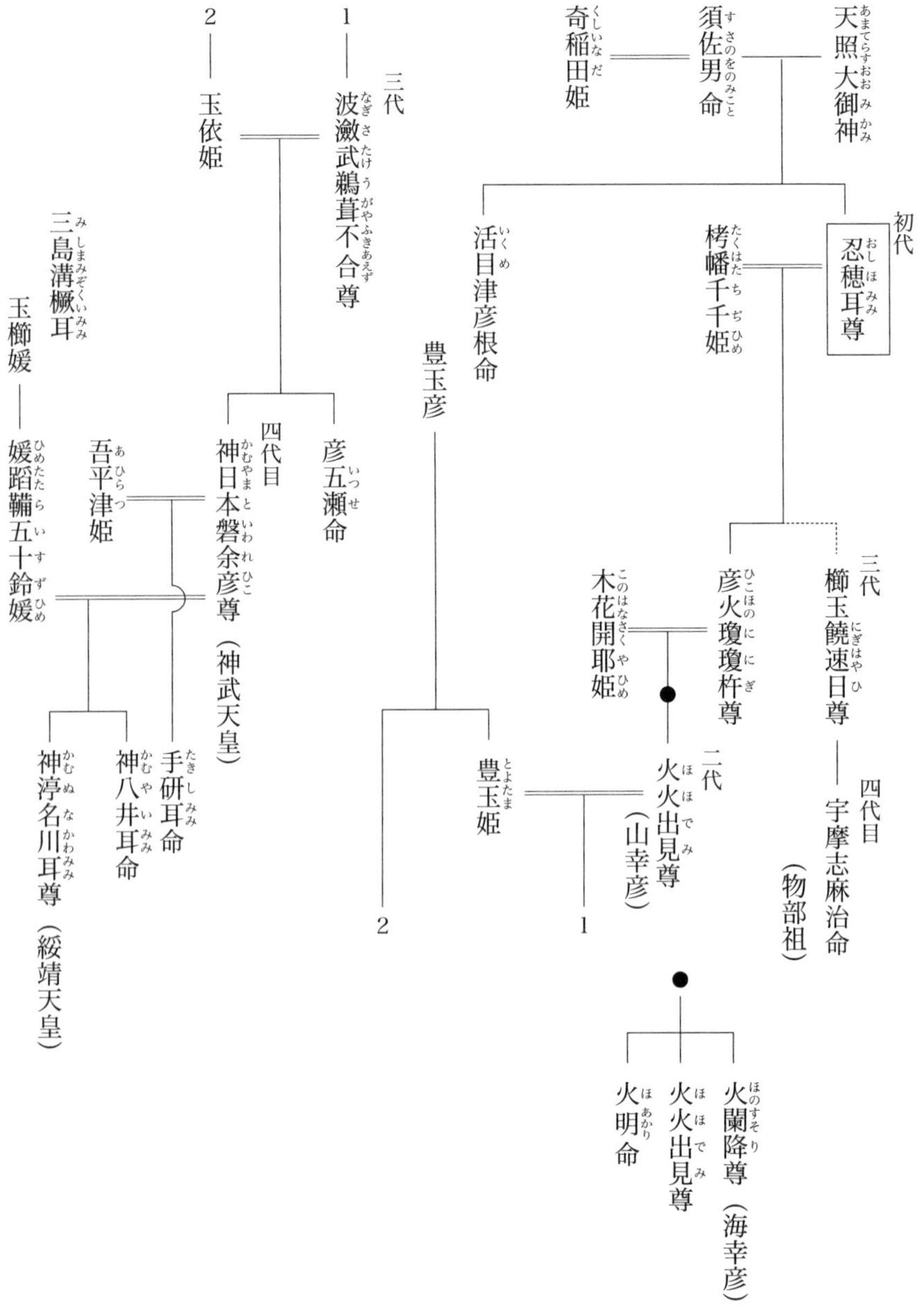

『記紀』による皇家の先祖の神々の系図

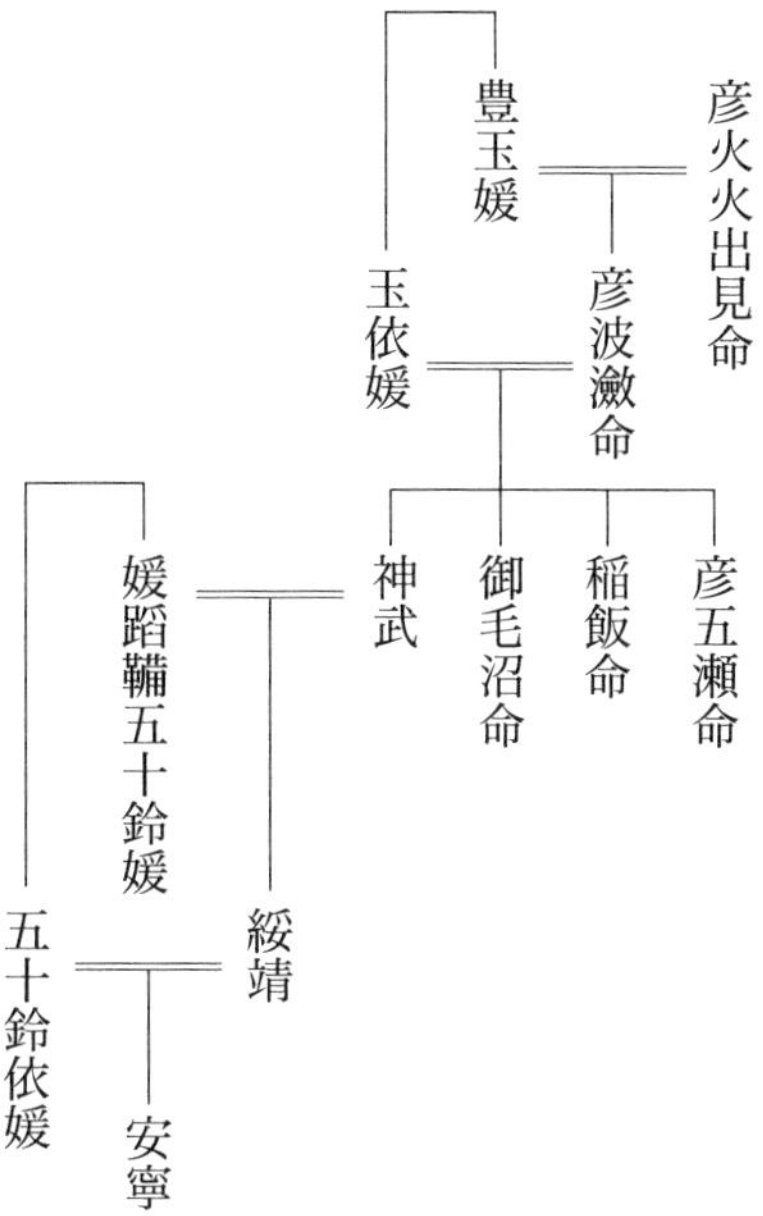

記紀の記述による系譜

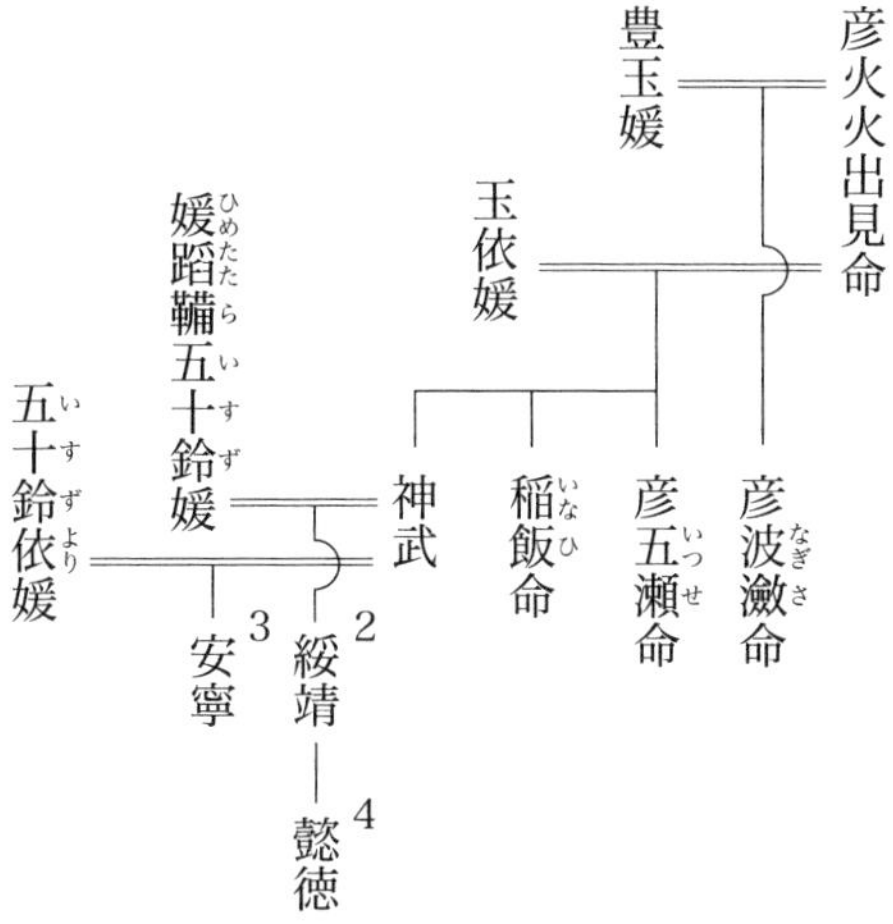

原型と推定される系譜

『記紀』による神武大王の東遷の経路

『古事記』の経路

日向の高千穂宮—豊国の宇佐の足一騰《あしひとつあがり》宮—竺紫の岡田宮（一年）—阿岐国の多祁理《たけり》宮（七年）—吉備の高島宮（八年）—速吸門《はやすいのと》—浪速渡《わたり》—白肩津（日下《くさか》の蓼津《たでつ》）—南方《みなみかた》—血沼《ちぬの》海《うみ》—紀国の男水門《おのみなと》—熊野—大和《やまと》国

『日本書紀』の経路

日向—速吸之門—筑紫国菟狭の一柱騰宮—筑紫国の岡水門《おかみなと》—安芸の埃宮《えいのみや》（二カ月）—吉備国高島宮（三年）—難波碕《みさき》—河内国草香邑の白肩之津—龍田—孔舎衛《こうしゃえ》坂—草香津（蓼津）—茅渟《ちぬ》の山城水門《やまきみなと》（雄水門《おのみなと》）—紀伊国竈山《かまやま》—名草邑—狭野《さの》—熊野の神邑《みわのむら》—熊野の荒坂津（丹敷津《にふつ》）—大和

遠賀川上流から豊前北部沿岸、宇佐経由周防灘を安芸に向かって、難波碕を河内の草香邑白肩之津に到着。神武軍は生駒山を越えたかったが、孔舎衛《こうしゃえ》の坂で長髄彦と戦ったが負け戦となり、同行の五瀬命が負傷した。草香津から退き、茅渟の山城水門についた時五瀬命の傷が悪化し、雄水門、さらに紀伊国、名草郡の竈山に到着した時死去した。

茅渟の海を南下して紀伊国に進攻、紀ノ川河口付近にいた「名草戸畔」という女賊を誅殺して、狭野を越えて熊野の神邑に着き、天磐盾へ登った。さらに進んだところで暴風雨に遭い船団が漂流した時兄の稲飯命と三毛入野命が死去し、神武は皇子手研耳命と軍を進行する。熊野の荒坂津で、丹敷戸畔という女賊を平定する。熊野川の遡行が険路のため軍団の通行は困難であった。よって漸く紀ノ川上流へ溯上するのが最も順調な経路である。

そこで神武が助けられる豊玉彦神後裔の海神族高倉下《たかくらじ》が天降っていたところと会う。神武軍団は軍備を強化して八十梟帥（賊酋）を国見丘で撃退し、さらに磯城郡の忍坂邑へ進みそこで道臣命が計略を用いて敵を討滅した。

長髄彦軍は磯城郡の鳥見山の北麓の登見邑を本拠として神武の大和入りとその占拠に反対であった。しかしながら饒速日命の子、可美真手命は伯父の長髄彦を殺して、衆を率いて帰順して来た。この他、次の三カ所の土蜘蛛たちも帰順しなかったので神武は誅殺した。新城戸畔、居勢祝《こせのほうり》、猪《いの》祝《ほうり》である。葛城郡高尾張邑の土蜘蛛も、その地を葛城という。

磐余、猛田《たけだ》、城田《きだ》、頬枕田《つらまきた》、埴安《はきやす》などであるこの土地は縄文から人が居住していた所である。

神武天皇（大王）の即位

神武は大和平定を終えた後山林を切り開き畝傍《うねび》山東南の橿原《かしはら》の地に都を設営、初代大王として即位することになった。この間、日向を出発してから四年間ぐらいが経過し、二五歳程と推定される。西暦一七五年頃二五歳で即位。治政一九年、崩年一九四年四四歳崩御。

大夫《まえつぎみ》物部宇摩志麻治大臣大連が供奉《ぐぶ》。

また同時に天日方奇日方命《ひかたくしひかたのみこと》も共に供奉《ぐぶ》。

宇摩志麻治命は神武大王より早く東遷した饒速日命の子として物部氏族の棟梁で、拠点集落、唐古・鍵遺跡で専業工人達を掌握していた。各種の余剰を蓄積して神武王権を支え、王権の成長に貢献した。宇摩志麻治命、可美手《うまみて》命、味間見《うまみ》命、物部首《おびと》、栗栖《くりす》連の祖となり全国各地に子孫が国造《くにのみやつこ》を造りその総数は一四四国であるといわれているが実際には一三五国のみ記載されている（『先代旧事本紀（国造本紀）』）。

第二代　綏靖《すいぜい》大王、神渟名川耳命《かむぬなかわみみ》

綏靖大王は神武大王の世子である。皇后、事代主命の孫媛蹈鞴五十鈴媛から一六〇年に生まれる。葛城高丘宮で一九五年、二五歳余りで即位する。

五十鈴依媛を皇后とし（入り婿となる）、治世八年間、三四歳二〇三年崩御。倭の桃花鳥田丘上陵に葬られた。大夫《まえつぎみ》物部彦湯支命が供奉し大王を奉斎した。

第三代　安寧大王、磯城津彦玉手看命

安寧大王は綏靖大王の弟である。一八八年生。二〇三年、一五歳で即位、片塩浮穴宮で事代主神の孫、鴨王の娘、渟名底仲媛を皇后とし（入り婿となる）、治世九年余、二四歳で二一二年崩御、

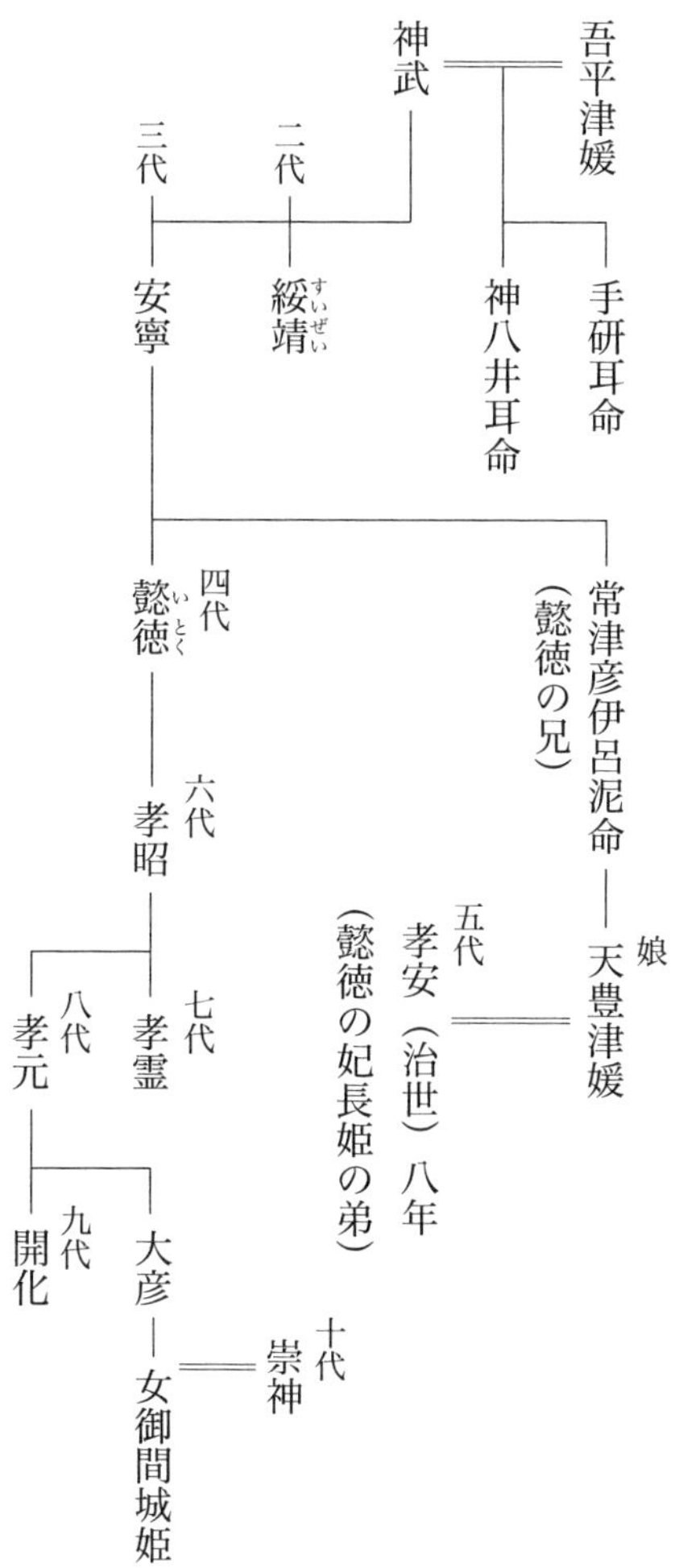

神武大王系譜（第一代から第九代までの王朝）

畝傍《うねび》山南御蔭井上陵に葬られる。大夫《まえつぎみ》物部出雲醜大臣命が供奉（出雲色多利姫という母の名からそう呼ばれ大臣と同じ官職を示す大尼《おおね》という名の大祢《おおね》命と同人である）。

第四代　懿徳《いとく》大王　大倭

懿徳大王は安寧大王の世子で一九一年生まれ。二一二年、二一歳で軽曲峡宮《かるのまがりお》で即位。事代主命の孫息石耳の女《むすめ》、天豊津媛《あまとよつひめ》命を皇后とした（入り婿となる）。治世二〇年強で、四二歳二三三年に崩御、畝傍山南繊沙渓《みなみのまさごのたに》上陵に葬られる。皇后は磯城県主の息女、泉媛とも飯日《いいひ》媛ともいう（『紀』）。

磯城県主は事代主神の後裔であり、前三代と同じ氏族出自の後者を皇后としたと思われる。その間、出雲醜大臣命が大夫となり、最初の大臣に任命された。同命は長谷部造、漆部連小治田連らの祖である。

第五代　孝安大王　倭兄彦国押入命

孝安大王は懿徳大王の兄、常津彦伊呂泥《いろでい》命和珥臣の祖の娘天豊津媛を娶っている（入り婿となる）。二三三年一七歳で室秋津嶋宮において即位。治世八年余で二四一年崩御。王手丘上陵に葬られる。『記紀』では孝昭大王世子第六代と記すが懿徳大王妃の弟かと思われ、懿徳大王世子より年長であり、孝昭より先に即位した。この頃纏向遺跡は大和の政治、流通、情報センターへの発展を始め、まわりに、前方後円墳六基が造成されていた。その為、多く働力が集中した事で各地の生産煮甕《にがめ》が集まり、庄内式土器が畿内で造られ北九州へも運ばれるなど物流の動きからみて畿内の社会的影響力が向上した。

第六代　孝昭大王　天日矛孫

孝昭大王は懿徳大王の世子で二二六年生まれ、二四二年一五歳で掖上池心宮《わきがみいけごころ》で即位。海部尾張連の遠祖瀛津世襲《おきつよそ》の妹、世襲足媛《よそたらしひめ》を皇后とす。治世二五年二六七年に崩御、掖上博多《はかた》山陵に葬られる。日矛の孫出石心大臣命が尾張連四代瀛津世襲命共々大臣として供奉。

当時は弥生末期であり大陸では魏、呉、蜀の三国時代で、起源二三九年に倭の女王卑弥呼が魏へ遣使し、邪馬台国が苦戦していた。九州では、二四八年、卑弥呼が死亡した後、再度反乱が発生したが畿内は平穏であった。台与が孝昭と合体し大和朝廷と一体化する。

第七代　孝霊大王

孝霊大王は孝昭大王の世子で二四一年生まれ、二六七年二六歳、黒田廬戸宮で即位、磯城県主大目の女、細媛を皇后とした（入り婿となる）。治世十九年間、四五歳で二八六年に崩御、片丘馬坂陵に葬られたと『記紀』は記すが、宮に近い黒田大塚古墳ではないかと宝賀寿男氏が指摘する。

皇后を歴代輩出した磯城県主は、大物主神後裔の三輪氏であるがこの系統は崇神世代には絶え饒速日命系の物部氏族の血統へ変わっている。同じ三輪氏族の十市県主も絶えたが物部氏族へ血統が変わった可能性がある。

大矢口宿弥命（亦名、大新河命）が供奉。

第八代　孝元大王

第八代孝元大王は孝昭大王の子、孝霊大王の弟で二五六年生まれ、二八六年三〇歳弱で軽境原《かるのさかいばら》宮にて即位、物部氏の欝色謎命《うつしこめ》（入り婿となる）を皇后とした。治世一四年強、三〇〇年四四歳で崩御。剣池嶋上陵に葬ったというが、葛本弁天塚古墳の可能性がある（『紀』では孝元大王は孝霊大王の太子で母は孝霊皇后と記されているが異なるとした）。

その間、第五代皇后の兄内色許男命《うつしこお》が大臣として供奉《くぶ》。

第九代　開化大王

開化大王は孝元大王の第二子、二七四年生まれで三〇〇年二六歳で即位、大綜麻杵命《おおへそき》の女、伊香《いか》色謎命《しこめ》を皇后、春日率《いざ》川に宮を置いた。治世一五年、三一五年四一歳で崩御、春日率川坂本陵に葬られた。

その間、物部大綜麻杵命《おおへそき》が大臣として供奉。

伊香色男命は大臣として同じく供奉。

この頃、箸墓《はしはか》古墳が初めての前方後円墳として造成されつつあり、弥生時代の方形周溝墓から吉備の特殊器台や壺をもつ前方後円墳時代を迎えることとなる。物部氏族は本拠を布留遺跡の方へ移動させていた。布留式土器が多く流布していた。

これ迄の王朝を欠史八代として、日本史の大王歴から抹殺する歴史家が多いが、時代を精査してゆけば、正しく伝えられたと思う。

「古史・古伝」が伝える「ウガヤ王朝」

『古事記』が伝える天皇家の祖先の神の系譜は、次のようである。

天御中主神
高御産巣日《たかみむすび》神
神御産巣日《かんみむすび》神
┬ 伊邪那岐《いざなぎ》＝伊邪那美《いざなみ》
├ 天照大神 ― 天忍穂耳命迩迩芸命
│　├ 日子穂穂出見命 ― 鵜葺草葺不合《うかやふきあへず》命
│　├ 次照命
│　└ 火遠理命
├ 須佐之男命
└ 月読命

「宮下文書」は明治十六年に富士吉田市にある小室浅間神社の宮司の宮下家から発見された。太古の時代に富士山麓の家基都《かきつ》にあった「高天原」をめぐる歴史とそれに先立つ数千年に亘る歴史という。秦始皇帝の命で渡来した徐福が太古の日本の歴史を調査して記録したという「十二史談」を元にしたもの、それ以外に『神朝五紀略』『不二山高天原変革史』『神代文字略解』などの著書もあるという。

徐福は、秦始皇帝の命を受け紀元前二〇九年、不老不死の霊薬を求めて二千人の童男童女を連れて渡海して来たが帰国しなかったと、「史記」に伝えられる人物である。全国各地二〇カ所以上の徐福伝説地がある。

「神朝五紀の変遷」内容		神皇代教	期間
第一神朝	天之峰火雄ノ世	殷《いん》七代第一王朝	八二二年間
第二神朝	天之御中主ノ世	殷《いん》十五代第四王朝	一、八五〇年間
第三神朝	高天原ノ世（前期）	七代	五〇七年間
第四神朝	豊阿始原ノ世	五代	四八八年間
第五神朝	富士・高天原ノ世（後期）	五七代	
	・九州・宇家潤不合須ノ世	五一代	二、七四一年間
合計	富士九一代	九州八五代	六、四〇八年間

※この第一神朝と第二神朝は日本外の西の大陸の内部にあったとしている。

第二神朝の最後の高皇産霊神《たかみむすび》は「この土地は世界を治めるのにふさわしくない」というので、皇子たちを派遣させて富士山のある日本列島にたどりつき、ここに第三神朝が建てられたという気宇壮大な話となっている。

古朝鮮の始祖である桓因檀君《ファインダングン》が開いた朝鮮史が記されている『桓檀《かんだん》古記』によると、檀君朝鮮は中国の東北の遼河の河口近くの王倹《ワンケム》がその城のあった場所であった。今から四千年以上前、既に多数の青銅器を含む遺物が発見されている。『桓檀古記』の内容を時代順に編年すると「夏」から「漢」に至る中国史の部分と、日本の超古代史に相当する部分とに分けられ、その内容こそ「宮下文書」『上記《うえつふみ》』などの古史古伝に書かれている五一代、ないし七三代に亘る「ウガヤ王朝」のことであると言われている。

「宮下文書」が掲げる七代の「第一神朝」は「殷《いん》の第一王朝」と一致し、同じく十五代の「第二神朝」そして「第三神朝」の最後の殷の「第四王朝」である。

高皇産霊命《たかみむすび》とは「倭人興亡史」＝（契舟秘史）に出てくる「日祖・アノシフカルメ」のことであるとしており「アメミスサナミコ」の名で須佐之男命も登場している。また「宮下文書」では高皇産霊命の三人の子、国常立命、国狭槌命、名不詳の命の三者によって「第三神朝」が開かれたとしている。それを『桓檀古記』に結びつけて、国常立命が扶余、国狭槌命が辰国、名不詳のものが箕子《きし》朝鮮の王家の始祖となったと考えられる。その場合、須佐之男命は箕子朝鮮の王統に入っているとする。「宮下文書」を採用すると、「ウガヤ王朝とは辰国史である」と鹿島昇氏は著書『倭と辰国』で唱えている。

朝鮮の史書『三国史記』の「高句麗本記」ではBC六一年天帝の子の「ヘモス」は松花江流域の〈コルスンコルソン〉に天降り自ら王と称して北扶余国を興した。その次の「ヘブル」は天帝の命により南下して東扶余国を建てたが金蛙はその子であり河伯の娘の柳花を娶って朱蒙を生ませる。

この朱蒙がBC三七年に高句麗王朝の初代の王となり、東明王と呼ばれている。このことを『上記《うえつふみ》』のウガヤ朝に当てはめると、その第三八代王（彦天皇）が高句麗の初代王の父であれば、高句麗の九代の故国川王（AD一七九―一九七）とはウガヤ朝の四八代彦天皇ということになる。「ウガヤ王朝」が五代であると計算すれば、紀元一世紀には神武に相当する人物がいた時ということになる。

ここで中国史に目を転じて『魏志』の「扶余伝」と「高句麗伝」の記事によると、「扶余」は玄菟郡に属していたが漢末に公孫度が遼東で力を伸ばしたので扶余王の尉仇台はその勢力下に入った。尉仇台は「公孫度」を討ちその娘を妻としたが、彼が死ぬと簡位居が立ち、その庶子に「麻余」がいた。次いで麻余の子の依慮が王となり、その後「公孫度」は楽浪郡の南半分を支配して帯方郡を建て満州南部から朝鮮の西海岸寄りを手中に収めた。公孫度の死後その子「康」は侵略して来た、伯固の子伊抜奇夷模を討ったことが記されている。

『桓檀古記』には「高句麗王の罽須は公孫氏を討った」とある。この人物はどうやら尉仇台と同一人物であるらしい。辰国王としての神倭磐余彦は神武大王であり、彼らに破れた公孫度は大物主である。『後漢書』『魏書』「東夷伝」には「桓霊の間」（一四七～一八九）に倭国大乱とある。そして邪馬台国の女王卑弥呼が共立され、そこに魏の使者が倭国に来て、そして卑弥呼が二四八年頃に死ぬと記されている。

神武大王は実在の扶余王の尉仇台で同時に高句麗王の罽須《サス》であるとするならばそれは二世紀の末の「倭国大乱」の時代ということになる。

ＢＣ二〇〇年頃、物部氏となる集団も遠賀川の下流に渡来している。また瀬戸内方面にも後に大三島に根拠地を置いた大山祇（和多志）族の手引で伽耶系の渡来者であったはずである。最後に狗邪韓国と呼ば

1東明王 ─ … ─ 8新大王
- 発岐
- 9故国川王
- 10山上王 ── 11東川王
- 罽須《サス》（扶余王尉仇台）

高句麗王朝 ── 扶余国

れた金官加羅（駕洛）国のあった金海地区から九州に入ったのが有明海から肥後方面に勢力を張った集団で熊襲が先住の隼人族を併合して作ったのが狗奴国であり後日邪馬台国と対立することになる。

尚、高句麗、百済では扶余国以来の伝統で「五族制」による社会統制が行われていたが『日本書紀』や『先代旧事本紀』が記す「神武東征」の軍団にも「五伴緒」という組織があるところを見ると、天皇家や古代の諸豪族の社会が北方騎馬民族系の構成をもっていたことは疑いないと考える。

秦王国と宇佐八幡宮との秘密

三韓の王室の始祖は、百済は騎馬民族系の扶余、高句麗系であり姓も「余」であるのに対して、新羅には朴昔金氏が王権を倒し引きついだ三姓が異なる騎馬民族であると思われる。

しかし一般の韓人は王族とは異なり、恐らくは中国の戦国時代BC四〇〇頃～BC二二〇頃に黄河の右岸の洛陽付近にあった「韓」から出た民族であると思われる。そこへ秦の遺民が入って来たとすれば、侵入して来た騎馬民族のカサスキタイ族たちが辰韓を作り雑多民族国である民族構成を造っていたと思われる。

唐代の中国では東ローマ帝国のことを「大秦国」と呼んでいたがその理由も興味深い。

唐代の中国では東ローマ帝国からの渡来者が秦国人に似ていたこと即ち東ローマ帝国のあった西アジア方面から中国には多くのペルシャ人やアラブ人と共にユダヤ系の人達が入って来ており、それが漢人には秦人と同じように見えたのではなかったかと考える。

もしそうであれば秦の始皇帝はユダヤ人であり、そこから、韓国の三韓の「辰韓」にもユダヤ人が移住して来た事になる。従って弓月の君である「融通王」とはユダヤの君でありユダヤ王であったことになる。そうなると弓月の君を開祖とする秦氏もユダヤ人皇帝の末裔であろう。

山城の葛野など全国に分布していった秦氏は大いに栄え金属や織物などの工芸に秀でており古代の日本文化の形成には大きく貢献している。その同族は畑、波多、羽田などともいわれ、西日本ではこの一族の一部は金属精錬の仕事にも従事していたとされている。

各地にある穴師あるいは兵主《ひょうず》神社の分布と秦氏が展開していた地域とが重複していることがそれを裏付けている。

秦国の始皇帝はユダヤ人である。儒教の聖典は焼かれ、多くの儒者が穴埋めにされ殺された。「焚書坑儒」の事実を見ればこの皇帝が漢民族であるとはいいがたい。秦が建国された今日の陝西省の西の寧夏自治区の北方にはBC四世紀頃中国から北狄《ほくてき》と呼ばれていたスキタイ族が活躍していたが彼らは鉄器を持つペルシャ系の騎馬民族であり、その内部にはBC八世紀に滅亡したユダヤ系遺民の集団が含まれていたことは十分考えられる。従ってユダヤ系の将軍が中国の西部に侵入して秦国を建てた可能性は高いといえるだろう。

ところで宇佐八幡の北東方（鬼門）に当たる国東《くにさき》半島の猪群山の山頂には、高さ四メートルもあるメンヒル（巨石の柱）があり、驚くべきことにそれを中心に全周二七九メートルもある日本最大の環状列石群が発見されている。その土地の人達は古来ここを聖地として守り、杉の材木でダビデの紋章である六芒星型に組み、その中央に竹に蛇の抜け殻を巻いた御幣を建てて焼く祭事をしている。また宇佐八幡の裏山の御許山には「大元神社」があり、その山頂には、三個の巨石からなる磐《いわ》座《くら》があり、山その物が御神体とされている。古代のユダヤ人たちも神は高い山に宿るという信仰があり山頂に石柱を建てて祀る風習があった。宇佐は遠く西アジアと継り海岸は古くから南の海からの訪問者によって開かれたのではないか。

ところで秦王国があったとされる豊前の仲津郡の隣の宮処郡《みやこ》（現行橋《いくはし》）の草場地区には豊日別神社がある。この神社はイザナギ・イザナミの御子の豊日別命を祀る。豊日別神社のある宮処郡は京都郡《みやこ》とも書き、『豊前国風土記』には「宮処の郡 古《いにしえ》天孫此れより発ちて日向の旧都に天降りましき、けだし、天照大神の神京なり」という驚くべき記事がある。更に、社伝に依ると、「豊葦原《とよあしはら》中津国草場、官幣大神、元豊日別命は神伊弉諾伊弉冉の尊の御子豊日別大〇〇国〇〇〇済祖大神一宮なり。英明の霊神にして国を治め、民を育て、西国の守護なり」と記されている石柱がある。天皇家や豪族の原郷である高天原は本来朝鮮の伽耶地方にあって、そこから北九州へ移動したことが天孫降臨であった。そして、筑前甘木地方が第二次高天原となり、同時にそれは第一次邪馬台国でもあった。二世紀末の倭国大乱の時、邪馬台国は南隣の狗奴国の攻撃を受けて、そこから筑後川を遡って豊後の日田に逃避行をした。そして更に豊前の中津を目指して落ち延びた。第二次邪馬台国に比定される宇佐の八幡神社とこの豊日別神社の間で「放生会《ほうしょうえ》」という儀礼が行われ、この二つの神社には深い関係があることが判る。また、小倉山の上にある八幡宮の社殿は三連になっており、第一の社殿の祭神は応神天皇、第二の社殿が比売大神、第三の社殿が神功皇后となっている。

この「比売大神」とは天照大神と須佐之男命が誓約をした時に生まれた宗像三女神のことである。しかし元は八幡宮の裏山の御許山の磐座信仰が行われていたとも言われている。豊の国に勢力を持っていた秦氏がユダヤ系であったことが宇佐に西アジア的なものを導入した。また豊の国の海人族である海部《あまべ》氏の祖先がどうやらアラビア方面との継りがあったとも言われている。「放生会《ほうしょうえ》」の神事は八幡宮へ神鏡を奉納する儀式であり、香春《かわら》の採銅所で鋳造された鏡を行橋市にある豊日別神社に納め、薦枕《こもまくら》で方船《はこぶね》を作り東方向の海に流す「東遷の儀式」ノアの方舟《はこぶね》とも連想される。何故に宇佐八幡に応神天皇が祀られているかと言うと、一説として息長足姫と武内宿弥夫婦？が近畿への進出を誉田真若《ほむたまわか》、己百支《いおき》国王との協力で達成する際の約束として「真若と宇佐女王であった海部氏の女の金田野屋姫（架空の人）との間に生まれた三人娘」を応神天皇の后妃にすると約束したことが、その由来とされる。女王卑弥呼は豊後《ぶんご》にいた海部氏の系図にある日女命である。そうであるとすれば九代目の日女命が女王卑弥呼である。そしてこの宇佐の地で亡くなったと思う。

とすればこの地に卑弥呼の墓があるはずである。そこで八幡宮のある小倉山こそヒミコの墓だと考える。山の形は前方後円墳に似ている。一九三三年から一〇年がかりで行った社殿の修理の時、社殿から立派な石棺が見つかったとの報道があったそうで、目撃証人もいるそうである。しかし決定的な証拠になる遺体は発見されていない。澤田洋太郎著『ヤマト国家は渡来王朝』を参考とする。

海部氏と尾張氏

両氏族は何れも天火明命を始祖とする古代の豪族であり、前者は丹後を中心に、後者は尾張を中心に栄え、その配下に海人族を抱えた雄族で、特に尾張氏は、大王家にもしばしば后妃を納めている。

古代の最大の豪族と言われる物部氏は、神武大王以前に大和の地に天降り、大王として君臨し死後は大物主神として三輪山に祀られた饒速日命を始祖とする氏族であるが、両者の間には、いずれの頃か同族的な連繫が生じ、共通の始祖として天火明命と饒速日命とが合体し、天照国照彦天火明櫛《くし》玉饒速日命を創定するようになった。しかし、本節では原点に帰って「海部氏――尾張氏」と「物部氏」とを個別的に考察する。

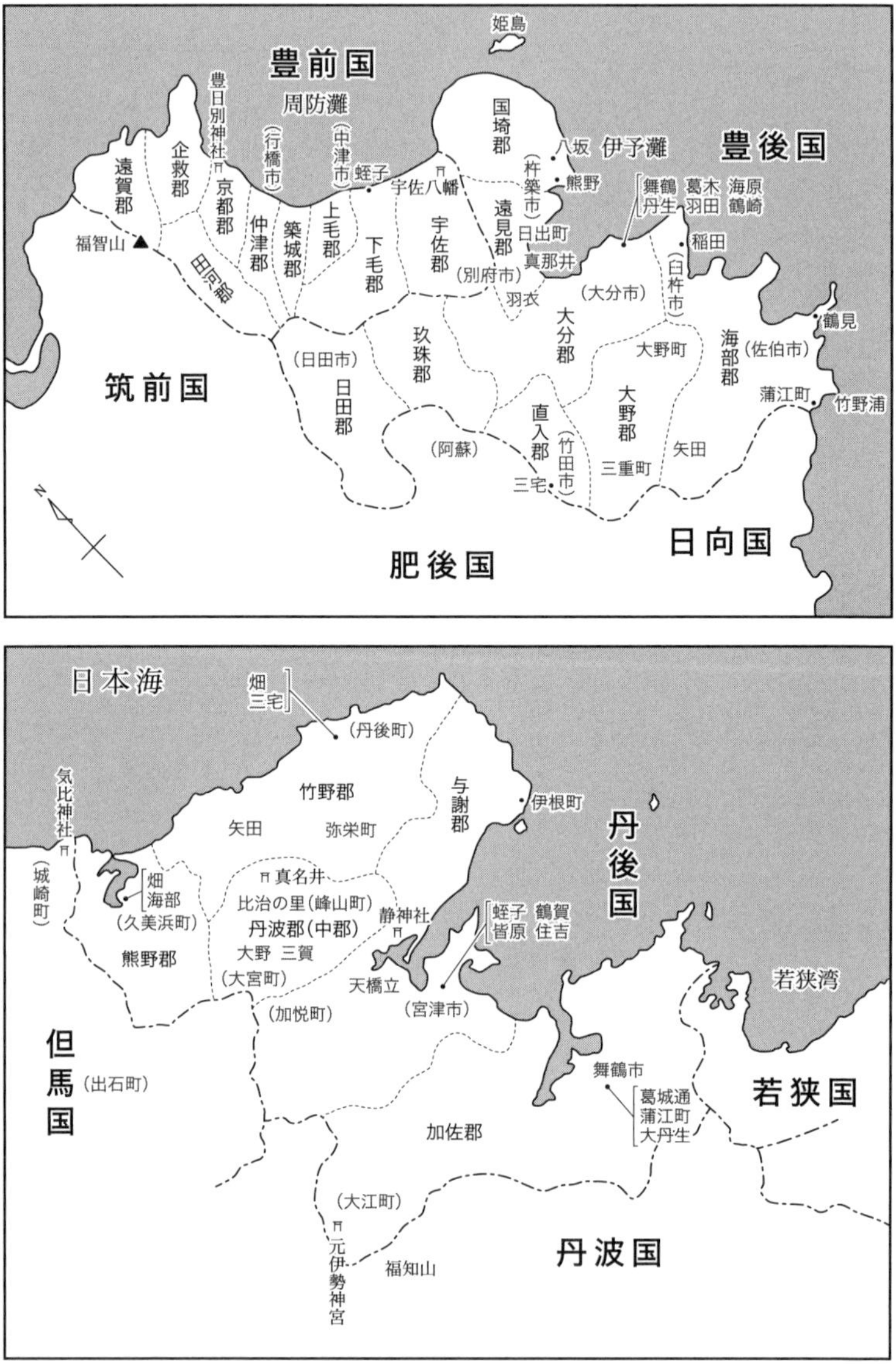
姫島
豊前国
周防灘
豊日別神社
(行橋市)
(中津市)
国埼郡
八坂
伊予灘
豊後国
遠賀郡
企救郡
京都郡
蛭子
宇佐八幡
(杵築市)
熊野
舞鶴 丹生
葛木 羽田
海原 鶴崎
仲津郡
築城郡
上毛郡
下毛郡
宇佐郡
遠見郡
日出町
真那井
稲田
福智山
田河郡
(別府市)
羽衣
(大分市)
(臼杵市)
鶴見
大分郡
玖珠郡
大野町
海部郡
(佐伯市)
(日田市)
筑前国
日田郡
大野郡
蒲江町
竹野浦
直入郡
(竹田市)
(阿蘇)
矢田
三重町
三宅
N
日向国
肥後国
日本海
畑 三宅
(丹後町)
気比神社
竹野郡
与謝郡
伊根町
矢田
弥栄町
丹後国
(城崎町)
畑 海部
真名井
比治の里(峰山町)
(久美浜町)
静神社
丹波郡(中郡)
蛭子 皆原
鶴賀 住吉
熊野郡
大野 三賀
(大宮町)
天橋立
若狭湾
(加悦町)
(宮津市)
但馬国
(出石町)
舞鶴市
葛城通 蒲江町 大丹生
若狭国
加佐郡
(大江町)
元伊勢神宮
福知山
丹波国

邪馬台国の東遷

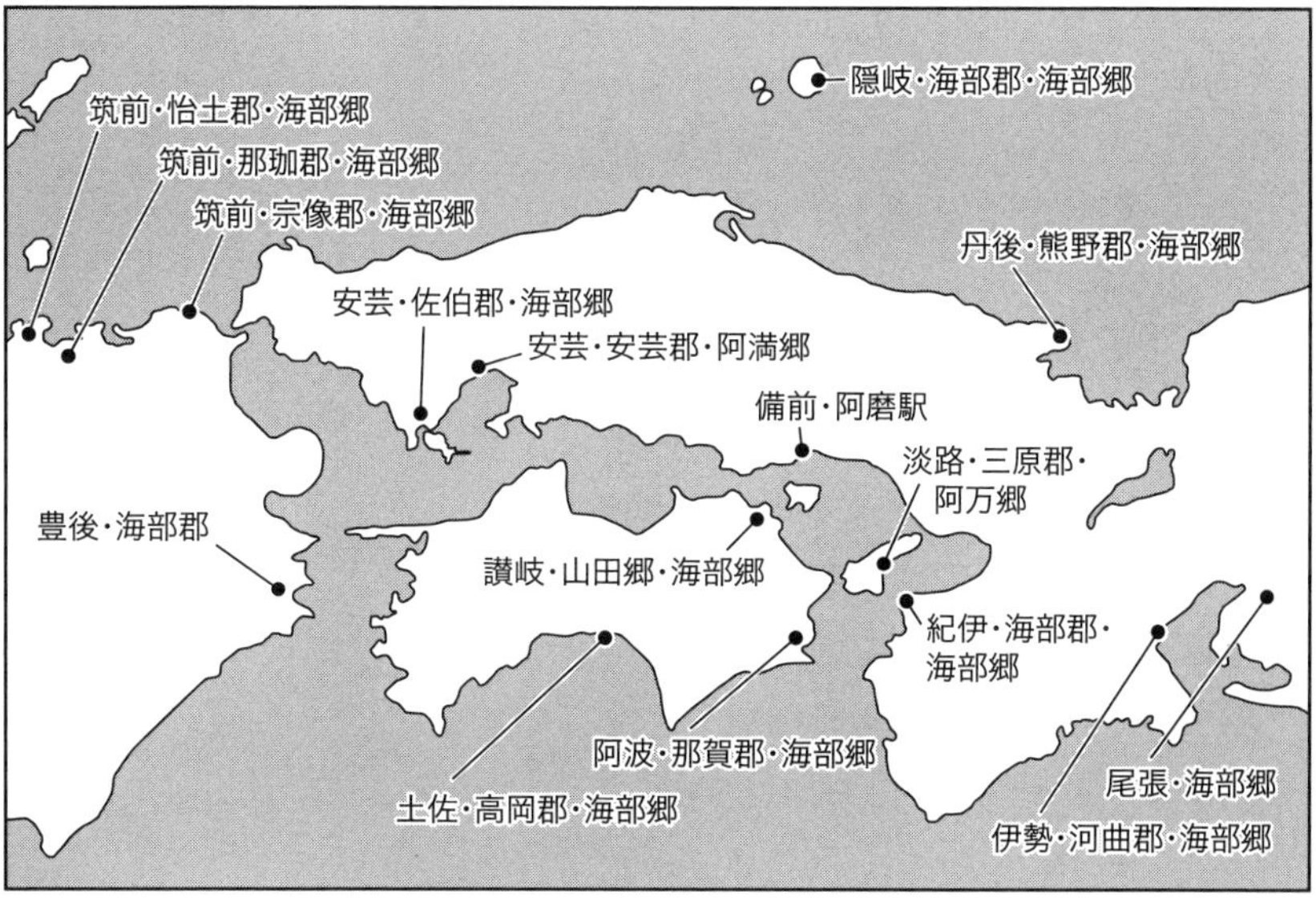

海部は各地に存在していた

始祖　天照国照彦天火明櫛玉饒速日尊 ―― 児　天香語山命（亦名　高志神高倉下）―― 孫　天村雲命（亦名　五十楯）――

3世孫　天忍人命（妻　葛木出石姫）―― 4世孫　天登目命 ―― 建斗米命

弟　天忍男命（孝昭天皇に仕える）（妻　葛木賀奈良知姫）

　―― 瀛津世襲命（亦名　葛木彦命）―― 5世孫　建箇草命　※

　―― 世襲《よそ》足《たらし》媛命（孝昭大王皇后）

忍日女命

※　6世孫　建田背命 ―― 7世孫　建諸隅命 ―― 8世孫　倭得玉彦命 ―― 9世孫　弟彦命 ―― 10世孫　淡夜別命 ――

　―― 大海姫命（崇神大王妃）

―― 11世孫　乎止与命 ―― 12世孫　建稲種命 ―― 13世孫　尾綱根命 ―― 14世孫　尾張弟彦命 ―― 15世孫　尾張金連 ――

―― 16世孫　尾張坂合連 ―― 17世孫　尾張佐米連 ―― 18世孫　尾張乙訓与止連 ――

尾張氏系譜『先代旧事本紀』より

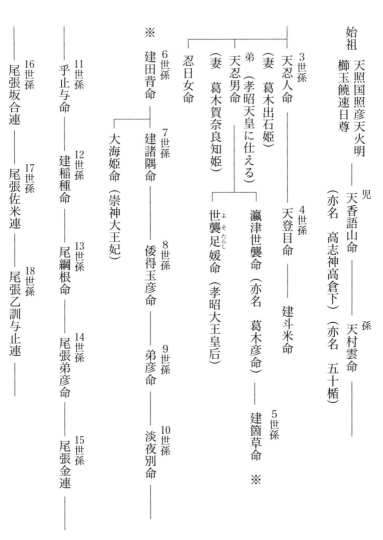

始祖 彦火明命 ―― 児 天香語山命 ―― 孫 天村雲命 ―― 3世孫 倭宿祢命 ―― 4世孫 笠水彦命 ※
妹 葛木出石姫命

※ 5世孫 笠津彦命 ―― 6世孫 津田勢命 ―― 7世孫 建諸隅命 ―― 8世孫 日本得魂命 ―― 9世孫 意富那比《おおなひ》命 △
(妹に日女命)
(弟に乙彦命)

△ 10世孫 乎縫《おまい》命 ―― 11世孫 小登与命 ―― 12世孫 建稲種命 ―― 13世孫 志理津彦命 ―― 14世孫 川上真稚命 ――
(妹に大倭姫) (妹に日女命) (妹にミヤス姫命)

15世孫 丹波大矢田彦命 ―― 16世孫 丹波国造大倉岐命 ―― 17世孫 仝明国彦命 ―― 18世孫 仝
(妹に川上日女命)

19世孫 建振熊宿祢 ―― 20世孫 仝海部《あまべ》直《あたい》都比《とひ》 ――

海部氏系譜「海部氏勘注系図」より

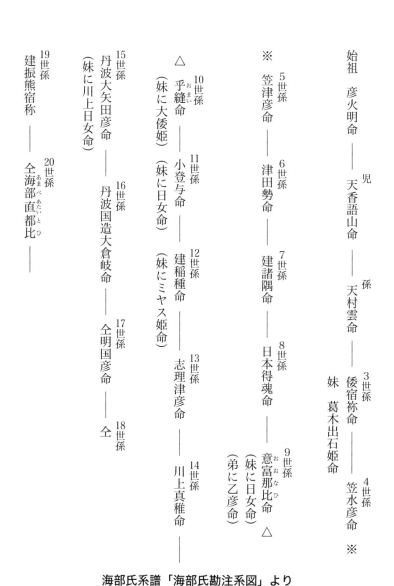

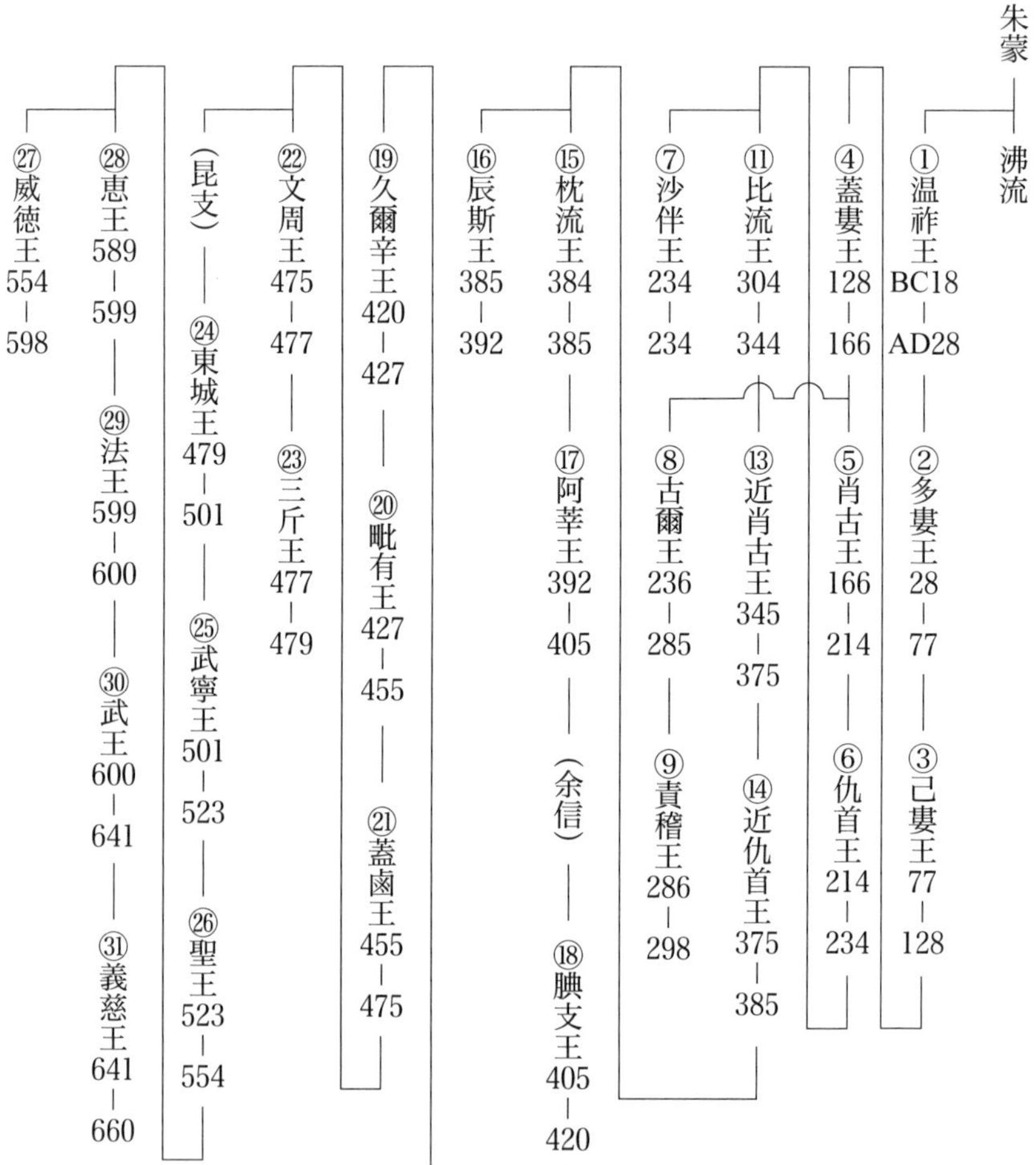

古代各王朝系譜　百済　扶余氏

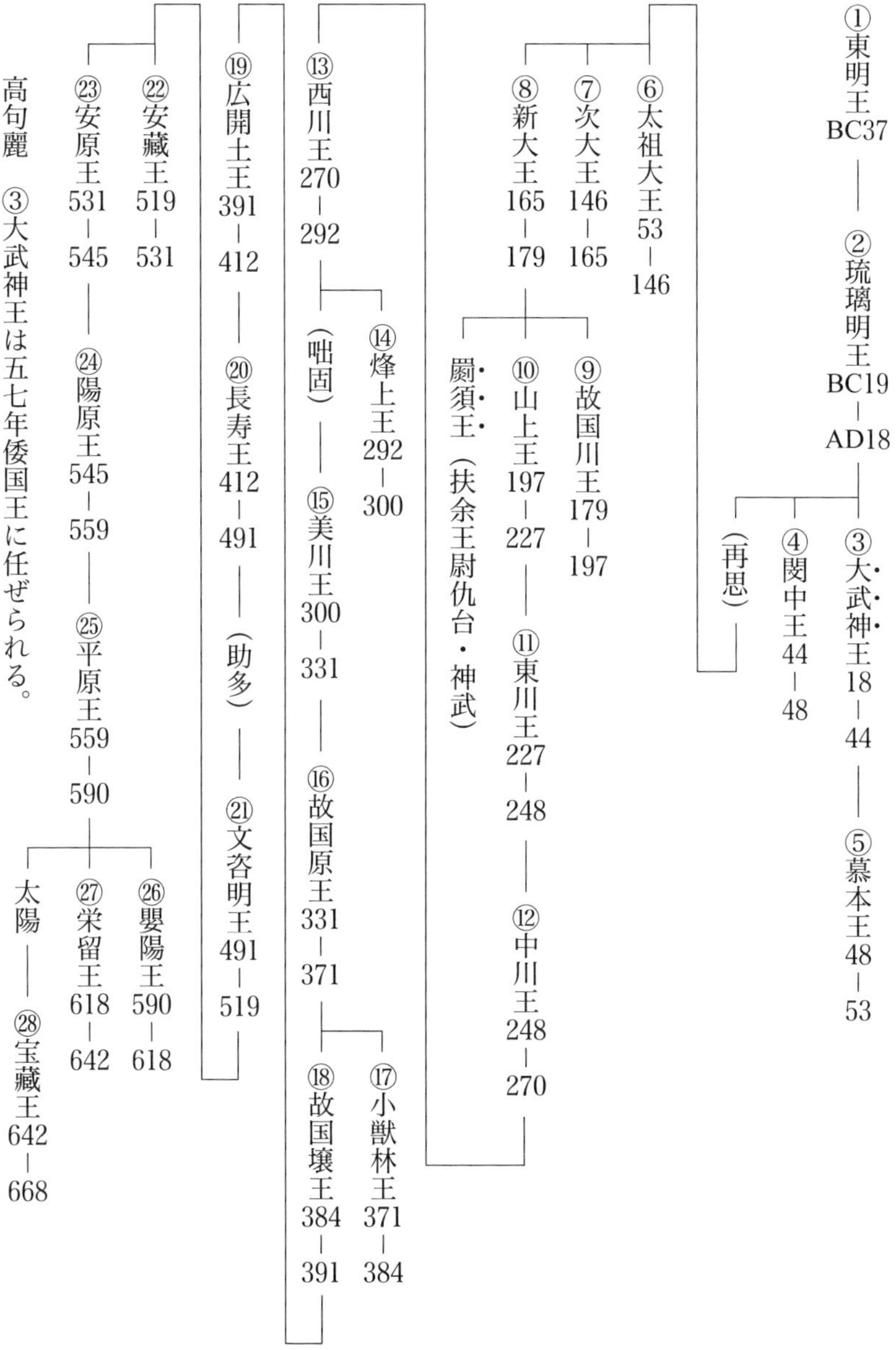

高句麗　③大武神王は五七年倭国王に任ぜられる。
⑦次大王は遂成である。

古代各王朝系譜　高句麗　高氏

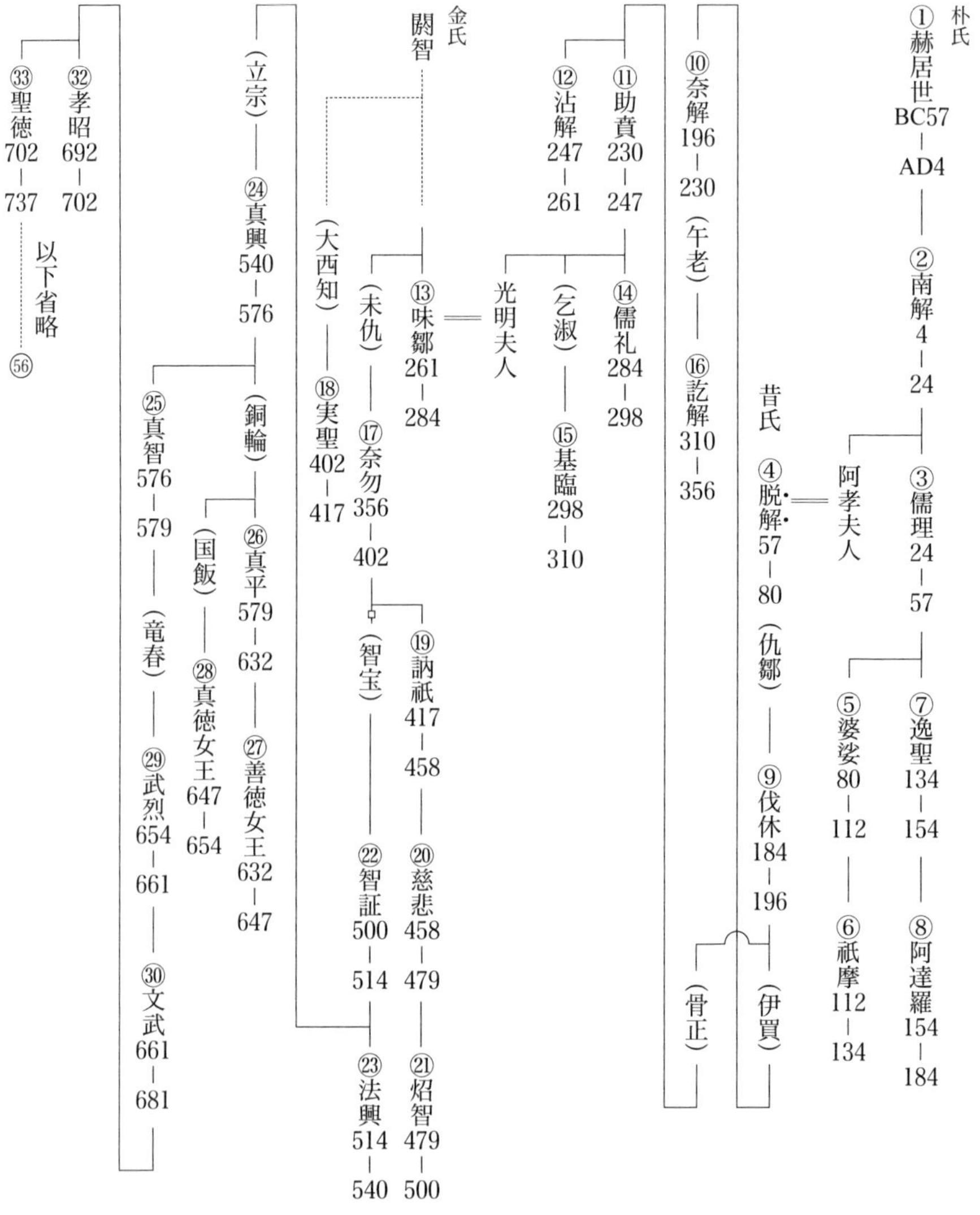
朴氏
①赫居世 BC57―AD4
②南解 4―24
③儒理 24―57
阿孝夫人
昔氏
④脱解 57―80
⑤婆娑 80―112
⑥祇摩 112―134
⑦逸聖 134―154
⑧阿達羅 154―184
（仇鄒）
⑨伐休 184―196
（伊買）
（骨正）
⑩奈解 196―230
（午老）
⑯訖解 310―356
⑪助賁 230―247
⑫沾解 247―261
⑭儒礼 284―298
（乞淑）
⑮基臨 298―310
光明夫人
金氏
閼智
⑬味鄒 261―284
（末仇）
⑰奈勿 356―402
（大西知）
⑱実聖 402―417
⑲訥祇 417―458
⑳慈悲 458―479
㉑炤智 479―500
（智宝）
㉒智証 500―514
㉓法興 514―540
（立宗）
㉔真興 540―576
（銅輪）
㉕真智 576―579
（竜春）
㉙武烈 654―661
㉚文武 661―681
㉖真平 579―632
（国飯）
㉘真徳女王 647―654
㉗善徳女王 632―647
㉜孝昭 692―702
㉝聖徳 702―737
以下省略
56

新羅　朴氏　昔氏　金氏

①首露 ― ②居登 199‐259 ― ③麻品 259‐291 ― ④居叱弥 291‐346 ―

⑤伊戸品 346‐407 ― ⑥坐知王 407‐427 ― ⑦吹希 421‐451 ― ⑧銍知王 451‐492 ―

⑨鉗知 492‐521 ― 仇支 兄 ― ⑩仇衡 弟 521‐532 欽明となる ― 武力 ― 舒玄 ― 庾信《ゆしん》 孫

南加耶（金官伽耶国）　金氏

高句麗の倭国への進出

『魏志東夷伝』の「馬韓条」に月支国がある（『後漢書』では目支国）。月支国と称した国は三世紀の馬韓に存在していた。馬韓王は月支（氏）国にいて辰韓をも統治していた。月支（氏）国は紀元百年以前には江南にいたペルシャ系の人種である。

一世紀前半の中国の動乱の余波を受けて南方特に江南地区から追い出された人々が倭人と共に来日したり、また馬韓の中で小国の月支国を造ったり、一部は南下してインドやチベット高原や南越（雲南）の滇国の西方に遊牧系人（塞《さく》人）となる。そして辰韓国の金閼智《あち》となり脱解王に対抗する勢力となり、『三国史記』による脱解（大武神奴国王）が新羅王であるがその奴国と新羅対金閼智《あち》側の百済・伽耶が倭国（反奴国勢力）との交戦となった。そして脱解（大武神）亡き後も抗争は続き大武神の孫氏に当たる遂成《すいせい》は倭国王帥升《すいしょう》として後漢に使者を派遣して倭国王としての認承を求め、列島及び半島に対する支配権を得ようとしたが、後漢は遂成（帥升）に許可しなかった。遂成の思惑は外れ、列島では制覇を狙う金氏一族との争乱は激しくなるばかりで、ついに遂成は列島から去り、高句麗王となったと大武神王18～44は五七年に脱解王57～80となりまた奴国王の帥升と名乗る（大武神＝脱解＝帥升）。新羅は六四・六六・七〇・七四・七五・七六年に継続的に百済と交戦している。またその間七三年には倭国と、七七年には加羅とも交戦している。倭国が列島内のどこの国かは解らないが列島内には反新羅反奴国勢力があったのは確かだろう。

遂成《すいせい》は倭国（奴国）の帥升《すいしょう》のことと高句麗次大王１４６〜１６５である『後漢書』「東夷伝」が伝えている。

周の時代に倭人は中国と往来していたから、中国でも半島でも日本人を倭人と呼んでいた。金印が志賀島で出土した一七八四年より「漢奴国」は怡土《いと》＝糸島＝委奴《いと》と土地名と考えられていて、「カンノイトコク」と考えられていた。その後、「カンノワノナノクニ」と読むようになる。即ち、伊都国＝委奴国だと。委は禾は穂、女が下にあり、「稲の下に女」だから列島は「女王が治める国」の意味であるとか。正しくは「漢が奴を委せた国の王」「漢が奴に委任し統治させた王」の王印である。漢は一世紀に大武神が奴国王であり百済と戦いを続けていた奴国王であると認知していたことになり奴国が列国を代表することも認知していたと思われる。三世紀になって伊都国が列島を代表する国になって、その頃、委奴国《いどこく》の国名を引き継いで「伊都《いと》国」と称し一大率を置いて諸国を管理していたので大国にみえるが奴国の二万余戸とあるのに対し伊都国は千余戸の人口であった。

二世紀始めにはまだ奴国が一番勢力を持っていたと考える。二世紀前期には近畿地方や出雲吉備地方にも勢力を持った国々が存在する。一〇七年に後漢に使者を送った倭国王は③大武神の後裔と考えたい。

大武神《ぶじん》が佐渡丹後を経由北九州によって「委奴国王」に任じられた五七年から倭国王帥升が朝見を願い出た一〇七年までの動向は中国の史料には全く見付けられない。四八年匈奴が南北に分裂した。濊・狛・烏桓・匈奴等が後漢光武帝を祭る儀式に一堂に会している。その後高句麗皇帝の早死が続き皇太后の摂政が続くと周辺民族が騒然となり「六代太祖大王53〜１４６（琉璃明王ＢＣ19〜ＡＤ18の孫）在位九四年（即位七歳）としている」の時代は遼西に一〇の城を築き、東沃沮は征復皇太后の摂政時代にしては好戦的であった。

一〇一年後漢が幽州（遼西、遼東、漁陽、玄菟、楽浪）などに人材を徴発する令を下したことから、鮮卑が反乱を起こし、漁陽に攻め込んで漁陽太守と戦うという事件が発生した。同時に江南の巫蛮況術者の許聖が税制の不平等を恨みに思い江南一帯で反乱を起こした。許聖の反乱は翌年四月に許聖が降伏して一応収まる。しかし許氏一族はその後も江南にあって再度反乱を起こす。許姓は卑弥呼の姓である。許聖はおそらく卑弥呼の曽祖父あたりの人と思われる。『魏志倭人伝』はその国、もと男子を王としていたが、七〇～八〇年経つと倭国は乱れ、何年も攻めあった。そこで、一人の女子を共立して王としたと、卑弥呼が倭国王になる由来を記している。この頃は考古学でも瀬戸内海を中心に防御のために住まいを山上に築く「高地性集落」が現れ、「倭国の大乱」と呼ばれている時代である。そして、『魏志伝人伝』にあるような、この倭国の争乱は数年では終わらなかった。

争乱の範囲は、岡山県・兵庫県という瀬戸内海地方と大阪湾が中心で、更に山口県から関東までが広く巻き込まれており、弥生時代後期になると、大阪・兵庫・奈良・和歌山と近畿地方に高地性集落が集中しているので、近畿に争乱の中心が移ったのが判るという。

我国の争乱が『魏志倭人伝』にあるように数年で収まったのではなく何十年も及んだということは、『後漢書』「東夷伝」に「桓・霊の間（一四七～一八九年）大乱があって互いに相攻め、暦年主なし」とあり長期であったことによってもわかる。一四六年は、「高句麗本紀」に、遂成が七六歳で即位したとある年である。遂成が倭国を去り、列島に倭国を代表する王がいなくなったのが倭国争乱を大きくしたのである。

遂成が列島を去ったのは新しい列島への侵入者が現れたためだが、高句麗王になった遂成（次大王・146〜165）は、右輔の高福章を誅殺し、前王宮の嗣子を殺しその弟を自殺に追い込んだ。遂成は即位後二〇年目の一六五年、百姓が遂成の暴政に耐えられなくなったという理由で家臣に殺された。当時においても遂成のこのような弑殺は隠されなかったし、それどころか殺害人の、明臨《めいりん》答《とう》は次代の故国川王の時には、国相となっている。国王殺しが堂々と史書に明記されている理由は遂成が四代前の大武神王の子孫だったとしても高句麗の人達にとってはすでに倭人であった。倭国による高句麗簒奪と受け取られていたのだろう。

大物主と金閼智《あち》は同じ月氏族をルーツとする。金閼智に関しては来日の道程は、はっきりしている。月氏一族は黒潮に乗って一部は半島に、一部は奄美大島から大隅半島を廻り北九州に一時定着してから更に東上して近畿の大和地方に入り銅鐸文化を形成した。つまり大物主一族だったと思える。しかし大物主が布都《ふつ》主等に広矛を授けて国譲りをしたと『紀』「神代下」にみえるから大物主の神器は広矛であって銅鐸ではないらしい。しかし当時の列島西南部を代表する大物主勢力が銅鐸を宝器としていたことは残された銅の量からして間違いない。ルーツは確定出来ないが、初期の小銅鐸は半島の各地で出土するし北九州にも存在する。しかし半島には、本州・四国にあるような後期の大型の銅鐸は出土していない。そこで、金閼智と大物主が同じ月氏族をルーツとすると考えるのは不可能だろうか。『魏志東夷伝』「馬韓の条」には、馬韓の各々の村は「立大木、県鈴鼓、事鬼神」したとある。これは鈴と太鼓を大木にぶら下げて鬼神を祭ったとの事である。鈴鼓その物を日本では銅鐸という考える。月支国のある馬韓では鈴鼓を銅鐸に見立て立木に掛けて鬼神を祭る風習があったのだ。

大物主のレガリアは広矛であって銅鐸ではないらしい。巨大な銅鐸が出土するのは意外に大和盆地ではなく、その周辺であり、期間も一世紀中葉から三世紀中葉の二〇〇年くらいと短い。銅鐸文化を持つ地域が大和の大物主政権によって、その文様もその地域によって様々で元の住民達の様子を描《えが》いている。

整然と統治されていたわけでないことを意味するのである。大物主系民族が各地に住み込みやがて小国を形成し、やがて国々が互いに富と権力を競いあい、銅鐸が巨大化して行ったと想像される。したがって、巨大なものは、あくまでも半島とは交渉のない本州、四国の小国の競い合いから生まれた産物だと思われる。同じ月氏でも半島に上陸した月支国を形成した金閼智《あち》の系統は、後に新羅で朴氏、昔氏、と共に王統氏族を形成する。秦始皇帝の難民は、馬韓の月支国を経由して辰韓の月支国へ逃避して来て新羅の一部に加わっていた。そして後の金氏の王になるのは、味鄒《みすう》王261～284からである。邪馬臺国の［邪《や》は旧いの意味があり、馬《ま》は南を表わし、臺《たい》のトは基本とか根本を意味する。邪馬臺《ヤマト》という国名は「旧い南の方にある中心国」という意味を持っている。韓語で読むと以上のようになる］と有名な数学者金思燁先生の解説がある。『記紀』にはこの国名には全く見えなくて、また「新羅本紀」も卑弥呼が阿達羅王に使者を出したとの条にも倭の女王とのみ記述されている［『後漢書』は、『三国史記』より後の五世紀前半の成立で内容は『魏志倭人伝』の知識で邪馬臺国を記載された］（范曄《はんよう》著）。二世紀後半の頃にはまだ「邪馬臺国」という国名はなく倭国の争乱が終わり、卑弥呼が倭の女王となり倭国が落ち着いたと見えた頃より朝鮮半島の人が呼称された国名となったと思われる。半島から見て南とは、九州にあったということなのだ。

三世紀中葉、大物主のレガリアと考えられる広矛と長大化の極点に達した銅鐸が突然消えたことで卑弥呼が崩御した二四八年頃、九州から政権が近畿に移る。大物主は敗退していた。

三世紀中葉には既に邪馬臺国がその力を維持出来ず新しい勢力が近畿の邪馬臺《ヤマト》＝大倭《ヤマト》という表記に替え明日香《あすか》（都）へ（※明日香とは都という意味）と遷都していた。

『魏志倭人伝』は邪馬臺国が二三八年魏に使者を送り、二四五年に魏の使者を迎える数年間にスポットライトを当ててはいるが実は卑弥呼の死後、邪馬臺国の体制が変化した後のことも記述している。

『魏志倭人伝』の記述の下限は三世紀後半だが、上限は紀元前後の頃まで遡って記載している。それが邪馬臺国の所在地を不明確にしている最大の理由なのである。

時代でいえば一世紀から三世紀後半までのことが、三世紀前半の記述の中に同時に押し込められている。元来卑弥呼は日御子の意味で天照大神と同様、日神に関連する名だから巫女の長《おさ》が代々襲名していた名前と思われる。卑弥呼はもう一人いたと考える。その人は臺与であり女王になった後、住居も岡山の方に移住しているのである。

饒速日命東遷の随伴部族

『旧事本紀《くじ》』による、饒速日命が東遷時随伴した部族は北九州に本拠をもつ、物部部族で遠賀川上流域嘉穂郡・朝倉郡・鞍手郡・肥後国・筑前・豊前・長門・伊予・讃岐・淡路・播磨に先住していた。その各部族は専門的な職種を持ち、水稲農耕を業とし、金属器製産を行い、船舶技術をもつ集団である。

『旧事本紀』は饒速日命降臨を次の通り叙述している（邪馬台国王一族である）。

饒速日命の天神の御祖の詔を稟け、天磐船に乗りて、河内国の河上の哮峯《いかるがみね》に天降り坐し、即ち大倭国の鳥見の白庭に遷り坐す。所謂天磐船に乗りて大虚空を翔行《かけめぐ》りて、是の郷を巡り睨《おせ》りて天降り座《ま》す。即ち「虚空見つ日本国」と謂うは是か。

饒速日族は唐古鍵地区へ進駐したと考える。同遺跡は面積約三〇ヘクタールの弥生前期以来の最大集落跡で唐古池に面した楼閣のような大型建物があり南北道の下ッ道が近くにある水陸交通の要衝として栄えた。

弥生後期に東遷した饒速日命は、石器・土器・青銅器・鉄器工人を抱え、近畿式銅鐸やカヌサイト石器、木器その他の製造に着手したと判断される。銅鐸鋳造、掘っ立て柱住宅と炉跡状遺構、土器、褐鉄鉱に包まれた翡翠製勾玉などが検出されていること、近くに保津・宮古遺跡があり、倭鍛治祖穂積氏族の存在が想定され、鏡作りの祖、物部鍛冶師連を祀る岐多志太神社や天火明命を祀る鏡作り近くにあることで立証できる。

更に、饒速日命は工人を伴って弥生後期末、唐古《からこ》・鍵《かぎ》遺跡から初瀬川上流の巻向地区へ移動した。集落規模は総面積一〇〇ヘクタールという巨大さであり、南北の大溝が囲む遺跡には棟持ち柱付き掘っ立て柱建物住穴、土壙が検出され、周濠からは二つの鶏形木製品、弧帯文円板、大量の鋤・鍬・吉備郡月型特殊器台・山陰型器台・銅鐸の耳が出ている。

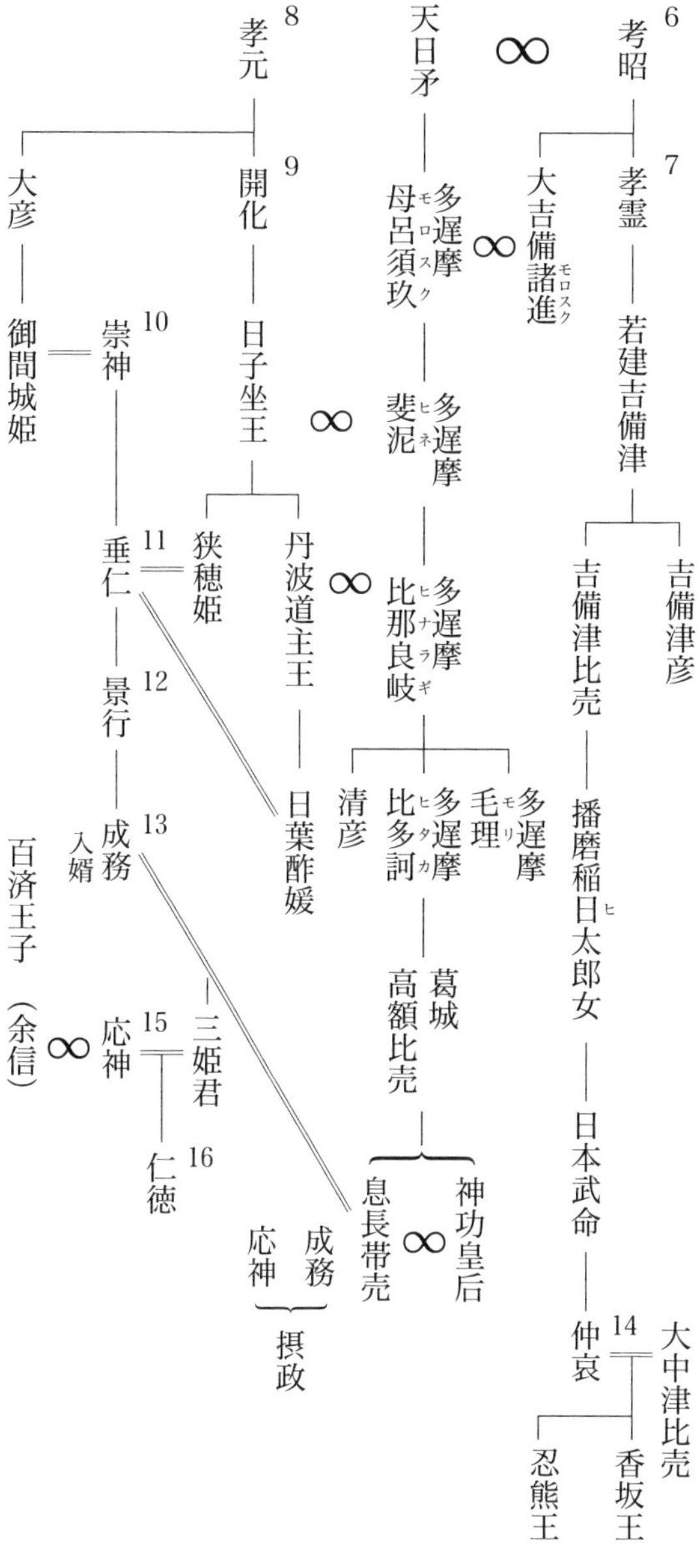

天日矛と大和朝廷との関係系譜

天日矛と丹波丹後王国

丹後の太田南三号墳から出土の青龍三（二三五）年を刻む方格規矩四神鏡。それは『魏志倭人伝』に「倭人が好む銅鏡一〇〇枚を魏帝が卑弥呼に贈った」とある一〇〇枚中の一枚である。そして丹波の福知山の広峯一五号墳からは景初四（二四〇）年銘の三角縁神獣鏡が出土したが、この年号は実年にはなく福知山と同じ発音の吹地山という山は北九州にありその南山麓に古代の銅を鋳造する香炉《こうろ》があるから丹波に移住した人達（但馬の出石に本拠を置いた天日矛の金属精錬技術者）が丹波福知山の西方にある生野の銅山で国産化して造られたものと考えられる。日矛の子孫は但馬を中心に丹波丹後山域近江に勢力を張っていたと伝えられる。ところでその地は日子坐王（日矛三代目）の勢力地盤でもあった。日子坐王は日矛の孫の斐泥のことであり丹波、丹後、但馬、淡海《おうみ》、淡路一帯を「五タン」と名付けそれに山城を含めた近畿北部の広い地域には四、五世紀の頃には大和と対抗出来る別の国家連合が実在していて大王とよべる者がいた。その当時大和には崇神天皇を開祖とする「イリ王朝」があり『記紀』では垂仁天皇と親子としているが二人の親子関係はなく、垂仁の最初の皇后である狭穂《さほ》姫は日子坐王の孫娘となっており、二度目の皇后の日葉酢媛は丹波道主王の娘であり、それ以外にも四人の丹波の女を妃にしているが日葉酢媛はまだ生まれていない。

日葉酢媛は丹波道主王と新羅の女葛城高額《ぬか》比売との間に生まれた丹波の出自である。そして後に垂仁の（弟の景行）の孫の成務の皇后となり成務（三七二年）死亡後摂政を三八九年まで行い崩御。

その間は応神朝の神功皇后となる。

日子坐王は近江の息長氏の女水依姫や、山城の荏名津《えなつ》を妃としていて琵琶湖周辺から山城そして丹波丹後一円に君臨する大王といえる。

さて古代の丹波丹後のことについて語る場合忘れられないのは海部氏の存在である。『記紀』で伝える丹波の王者には開化大王の妃竹媛の父の丹波大県主王は、日子坐主と息長水依姫の子とされる。またそれは海部氏のことでもある。また丹波道主王は丹波河上の麻須郎女《ますらめ》との間に（日葉酢・比姿須）姫が生まれたともいわれている。海部《あまべ》は豊後の海部郡からの渡海移動及び卑弥呼崩御の後争乱するも十一代目の日女子（台与）豊娘十三歳の女王として迎え丹後の地に移動させている。そして大和の孝昭孝霊から受け継いだ崇神によって生まれた「イリ王朝」によって伊勢神宮へ移されている。

日矛系の勢力範囲については、さらに西の吉備方面も加えるべきと思われる。四道将軍の一人の道主王は丹波の支配を預かっていたとされているが吉備津彦は山陽道を傘下に収め大和朝廷の権力拡大に尽くしたことになっている。孝昭天皇の子とされている吉備諸進《もろすく》は日矛の子の母呂須玖《もろすく》のことであり天皇家による吉備の支配とは実は日矛一族が北近畿から中国地方東半までを制覇していたと考えたい。このことは『出雲国風土記』の撰者に日矛の神宅《みやけ》氏の名が見られるからである。

最後に宇佐八幡に銅鏡を鋳造して納める役割をもっていた香春《かわら》神社の一つとして辛国息長大目命が祀られていることにも注目したい。この神というのは息長足姫のことであると思われるが彼女も日矛の七代後の子孫ということになっている。この姫のことは、神功皇后として史書は仲哀妃としているが彼女が新羅に出陣する時筑紫に出迎えた人物として伊都県主の祖の五十迹手《いとで》という名が

『紀』と『筑後国風土記』に記録されている。後者の記事には自ら「高麗の国の伊呂山に天降りましき日鉾の末」と称したとしている。そのことから『魏志』に出てくる伊都国とは日矛の子孫が建国したものと考えられる。また、同じ香春にある採銅所現人神社の祭神は日矛と同一人物とされるツヌガアラシトになっている。また、香春《かわら》神社の祭神の一つである「豊比咩」というのは、豊前の姫島や摂津にある比売許曽神社に祀られている阿加流《あかる》つまり新羅で白玉から生まれツヌガアラシトがその後を追って来たという女性のことであると見られる。

こうなると日矛は実在の人物であり銅を精錬する技術をもった集団の長として九州に渡来して活躍し、やがて近畿北部に大勢力を張ったとすることは疑いのない事実である。

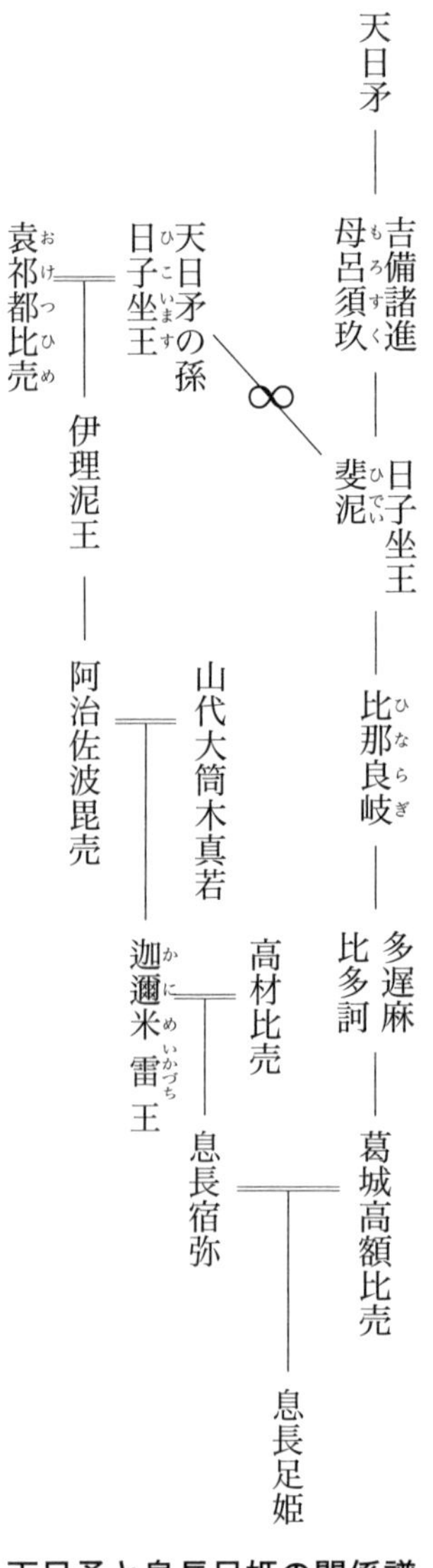

天日矛と息長足姫の関係譜
『古事記』より

イリ王朝渡来以前の歴史実を隠すのは？

これ以降日本古代史における朝鮮半島との関係と時代を述べることになる。そして、奈良時代の天武系の王朝は新羅との関係に影響されており、それ以前の飛鳥にあった王朝は百済と深く結びついていることが判る。しかも単なる友好関係といったものではなく蘇我氏を始め当時の支配階級の祖先が朝鮮半島からの渡来者であった事実に由来する。そして応神王朝に先立つ「タラシ王朝」はどうやら南鮮の陝川にあった伽耶諸国の一つである多羅国から来たオオタラシ彦の景行で代表される勢力が開いたものでこの渡来勢力の力によって全国は平定されていったことが隠れた歴史の真相として浮かび上がって来た。

ではそれに先立つ崇神垂仁の二代の大王はどういう性格のものだったか？

とりわけ、崇神天皇については、『古事記』に「初国知らず御真木天皇」と記されることや『日本書紀』の「垂仁紀」に意富伽羅から渡来した都怒我阿羅斯等に対して任那の国号を「御間城天皇の名を負《と》りて汝の国の名とせよ」と言ったという記事があるところから多くの人に注目されている。また、崇神は倭国王だけでなく倭韓の国王として明香の神奈備に祀られたと記されている。

次に賀夜奈流（留）美命の「賀夜」は「高屋」、「奈流（留）」は「～にいます」、「美」は「姫」を指していて、「高屋にいる姫」で大物主神と宗方神多紀理比売との間の娘の「下照姫」と同一ではないかと考えられている。下照姫の別名に「高姫」「高比売命」がある。しかし、「賀夜」は「高屋」説をとるより「伽耶の姫」の方が自然だとも考えられる。弥生時代よりヤマト建国の時代にかけて北九州を中心とする日本海側の地域と朝鮮半島南部の伽耶の地域は同一文化圏といってもよい程の交流をもっていた。

出雲を代表する神の中に「伽耶」が入っていれば出雲は伽耶に征服された国と推理が効くが、しかし賀夜奈流美命一人に「カヤ」の名が冠されたのだから、出雲全体の中でこの神が特別に伽耶に強い接点をもっていたことを意味する。ところが、伽耶王子天の日矛が渡来し「風土記」によると天の日矛は出雲神との間に戦火を交えていたと記されている。童女比売許曽《ひめこそ》を追って渡来したとある。そして比売許曽は「アカルヒメ」という女神と混同されそのアカルヒメが出雲神である下照姫の別名とする神社伝承がある。このことから「風土記」にいう伽耶の日矛と出雲との関係は無視出来ない。即ち賀夜奈流美命は出雲神下照姫（比売許曽・アカル姫）と異名同一体でありヤマト建国の前後に出雲と伽耶の間に起きた政争と融合の架け橋として活躍した女性であったということである。ヤマトの建国の基礎構成に大きな働きをしたのが女性神であったため八世紀の朝廷が必死になってその正体と時代背景を抹殺し史実を隠そうとしたのである。また、『日本書紀』はどうして伊勢神宮の祭神を無視するのか？　伊勢神宮といえば天照大神を内宮に祀る神社として名高いが外宮に豊受大神が祀られていることはあまり知られていない。鎮魂祭で詞われる内容で「豊日孁《ひるめ》」なる女神が登場する。

この神は、邪馬台国の卑弥呼と同一と見做される「大日孁貴＝天照大神」であり「大日孁貴＝卑弥呼」とする時「豊日孁《ひるめ》」は台与に他ならない。

大日孁貴と豊日孁の関係は伊勢神宮の天照大神と豊受大神にあてはまり卑弥呼と台与を示すも

のである。とすれば伊勢神宮では邪馬台国の二女王を神格化して祀っている。とするならば、なぜ『日本書紀』は邪馬台国の卑弥呼を皇祖神に仕立て上げその一方で台与を無視するのか。とにかく『日本書紀』では「邪馬台国」なる固有名詞を記述しなかった。そして天照大神の存在時代は中国の三国時代であり卑弥呼が倭国女王になった紀元一八四年の即位年は魏国の存在した二二〇～二六五年と重なることは今や常識であり**それ以前に邪馬台国として永く存続していたことを抹殺して我が国の古代史を間違った皇統譜の伝承にしている。**それはなぜか。民の国を神の国からスタートさせた事の証しである。

出雲の国譲り、天孫降臨を主導したのは、天照大神という女神であったという印象が強い。また天照大神が日本最高の社格を誇る伊勢神宮に祀られているところからその存在感が他の神を圧倒していることも事実である。

しかし、実際に天孫降臨の構想を立案したのは高皇産霊尊《たかみむすびのみこと》という神だった。『記紀』の一書は天地創造の時、天之御中主神や神産巣日《かんむすび》と共に高皇産霊尊が現れる。その後、神話は天照大神と素戔嗚尊の確執と出雲神の出雲の国の建国の話へと続き、天照大神が孫の降臨を画策したところで高皇産霊尊が活躍を始める。特に『紀』の中での高皇産霊尊の活躍が目立つ。

天孫降臨を果たした天津彦彦火瓊瓊杵《ににぎ》尊は天照大神の子天忍穂耳《にほほみみ》尊と高皇産霊尊の娘の間の子であり天照大神の子を差し置いて急遽、孫が天孫降臨を果たした背景には、高皇産霊尊の意向が反映されていたと考える。高皇産霊尊は積極的に天孫降臨を推し進めた。

それは、「邪しき鬼」の盤踞《ばんきょ》する出雲大己貴《おおなむち》神に何人もの工作員を送り込み国護りの下地を築いていくことであった。

神話を読み解く際に、注意をはらわねばならないことは、神話は二～三世紀ヤマト建国の歴史と七～八世紀の『記紀』編纂時期のヤマト朝廷の政争「天智中臣対天武の遺児達との政権争い」、これら二つの事実を反映している可能性が高いということである。特に問題なのは『日本書紀』編纂時期の政権がいかなるものであったかということである。というのも高皇産霊尊の活躍はまさに八世紀の為政者である藤原不比等の姿と全く重なって見えるのである。

不比等は天武天皇崩御後、持統天皇に大抜擢され、持統女帝を新たな王朝の始祖に位置付けるため神話を構築するに際し天照大神という女神を創作し、持統になぞらえた。そして持統の子草壁皇子が即位することなく没すると孫?の「文武天皇」の即位に邁進し、さらに文武天皇と不比等の娘?の間の子「聖武天皇の誕生」に全精力を注ぎ込んだのである。このような八世紀の政治情勢がそのまま神話となっており、天照大神と高皇産霊尊とは持統（天照大神）の孫や曾孫の即位とプロデュースした「不比等《ふひと》」そのものなのである。更に、高皇産霊尊が目の敵にした出雲が八世紀の朝廷のなかに実在していた疑いが強い。それは天武天皇の血すじの皇族たちの存在を抹殺することではないか。

神話における「出雲の国譲り」という大事件でさえも三世紀のヤマト建国の歴史と八世紀の政争の二つの事件が重なっていて神話のもつれた糸を解きほぐすことは困難なのである。

饒速日命を中心とするヤマト国家の建国があった事を隠すため、天照大神をヤマトの国造《くにのみやつこ》とする国史を造るために、最古の物部氏によるヤマト国家を抹殺し、高皇産霊尊から始まる神代神話を造作する必要があった。

饒速日命は神話と歴史を継ぐ怪人であり、天皇家以前のヤマトの大王である
神武東征の直前塩土《しおどの》老翁《おじい》が神武天皇に東方角に良い土地のあることを教え神武天皇はこの地に降り立った者が饒速日命に他なるまいと言い当てた。

神武のヤマト入りに激しく抵抗したヤマト土着の首長長髄《ながすね》彦は神武がヤマト入りをはたした直後
「昔天神の子が天磐船で降臨された方で名を櫛玉饒速日命と申します。私の妹三炊尾姫を娶り、可美《うまし》真手《まて》命を生みました。私は饒速日命を君主と仰ぎ仕えて来ました。どうして貴方は天神とうそぶき人の土地を奪おうとするのか」天皇家がヤマトにやって来るよりも早くすでに王が立っていたことを『日本書紀』が認めていることも問題だが饒速日がどこから来たのかを明さないのも問題である。

饒速日命は古代最大の豪族物部氏の始祖なのだが物部氏は八世紀の『日本書紀』編纂の直前、藤原不比等の陰謀によって衰弱させられている。従って、『日本書紀』にとって物部氏は最も強大な政敵の一つだった訳でこの一族の素性をいかに誤魔化すかが編纂の大きな目的だったと思われる。ヤマト建国以来八世紀に至る迄のヤマト朝廷の祭祀を物部氏が支配していた可能性は高く、この一族の知られざる底力を見る思いがする。神道と言えば中臣氏を思い出すが『先代旧事本紀』には、中臣氏が物部氏に従事する形でヤマトにやって来たと記されている。同書によると神武即位と共に物部氏がヤマト朝廷の祭祀の基礎を築いていたとする。実際天皇家の即位儀礼でも物部氏が楯を立て、大嘗祭においても物部氏は他の豪族ではあり得ない程重要な役割を担わされていた。

物部の「モノ」は「モノノケ」の「モノ」で「神鬼」と同意語であり、ヤマトの宗教観の根本をこの一族が造り出した。三～四世紀にかけてまず山陰山陽東海北陸の土器がヤマトの纒向に集まり最後に九州がやって来た。

『日本書紀』は神武以前にヤマトにいた王が「天神」だったといい、あたかも天皇系伽耶と同族であるかの如く決め付けるが、考古学と照らし合せると物部氏は天皇家とは別の系統であったと考え大月氏朝系ではないかと……。

『日本書紀』の歴史改竄《ざん》の手口の中に正体を抹殺したい氏族を王家の系譜のなかに取り込んでしまうというのがあるが、このやり方で出所をうやむやにされた疑いが強いのである。

問題は物部氏は出雲の神であり紀元前八世紀頃より稲作縄文人と大陸よりの倭人とが同化して、九州方面から倭国の西部域に移動耕作民として、すでにヤマト地方にいた倭人の小国百余国があった所へ、九州遠賀川にいた所へ、中国式の鉄器の武力をもった集団、即ち須玖式方士《はこし》集団に追われて「出雲」で八十国の長として、九州国とは別途に独立して、大和の纒向に旧ヤマト王として渡海し、渡来していた。それは、『三国史』に倭の大乱のあった時期以前のことであった。物部氏こそが纒向の王であった可能性が高く彼達《ら》は山陰山陽備後備中、吉備、丹後、丹波、河内ヤマトへと長い移動をしながらその土地土地に同化しながら三輪山麓の地にヤマトの国を建国途上のところであった。

物部が出雲出身ではないかと提（案）唱したのは、原田常治氏である。各地の神社伝承から饒速日命と大物主神が重なるということだが、物部氏出雲族はこれまでの歴史観を大きく塗り替えるほどのインパクトがある。

出雲と物部の共通点は「天皇家より先にヤマトに入っていた」ということである。

出雲の大物主命も出雲の国譲りの直前「ヤマトに住みたい」と大己貴神に訴え、その通りヤマトの基礎はここから始まった。そして大物主神が三輪に移住したいという「神話」を軽視出来ない。

大物主神が、ヤマトを造成したことは『紀』も認めている。崇神大王の時、御酒を大物主神に献上しその時「倭成す大物主神」とたたえられている。とするならば出雲と物部はどちらもヤマト誕生の功労者である。

神武はヤマトを武力によって獲得したかのような印象があるが実際は饒速日の子可美真手命《うましまて》=宇摩志麻治命の禅譲によって王権を獲得している。即ち物部氏の築いたヤマトを神武大王は貰い受けたのであり、この様子は出雲吉備らのヤマト連合が最後に九州を迎え入れたという考古学の指摘と重なってくるのである。

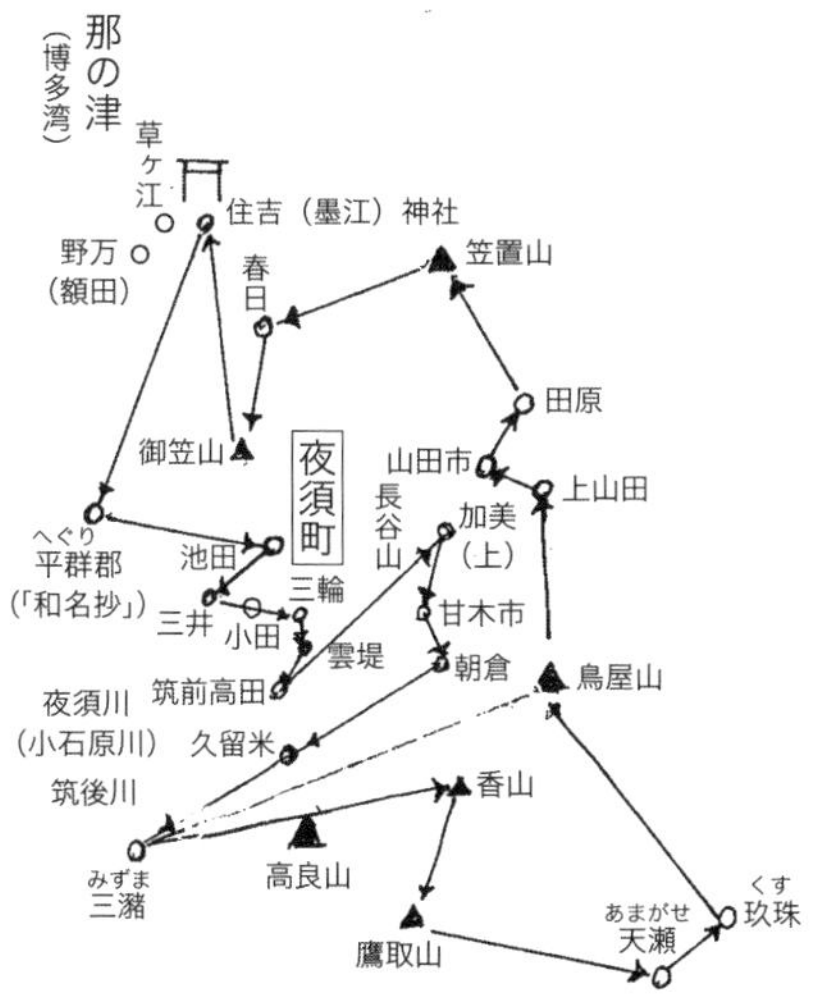

大物主三輪一族の遷住地

BC100〜AD50

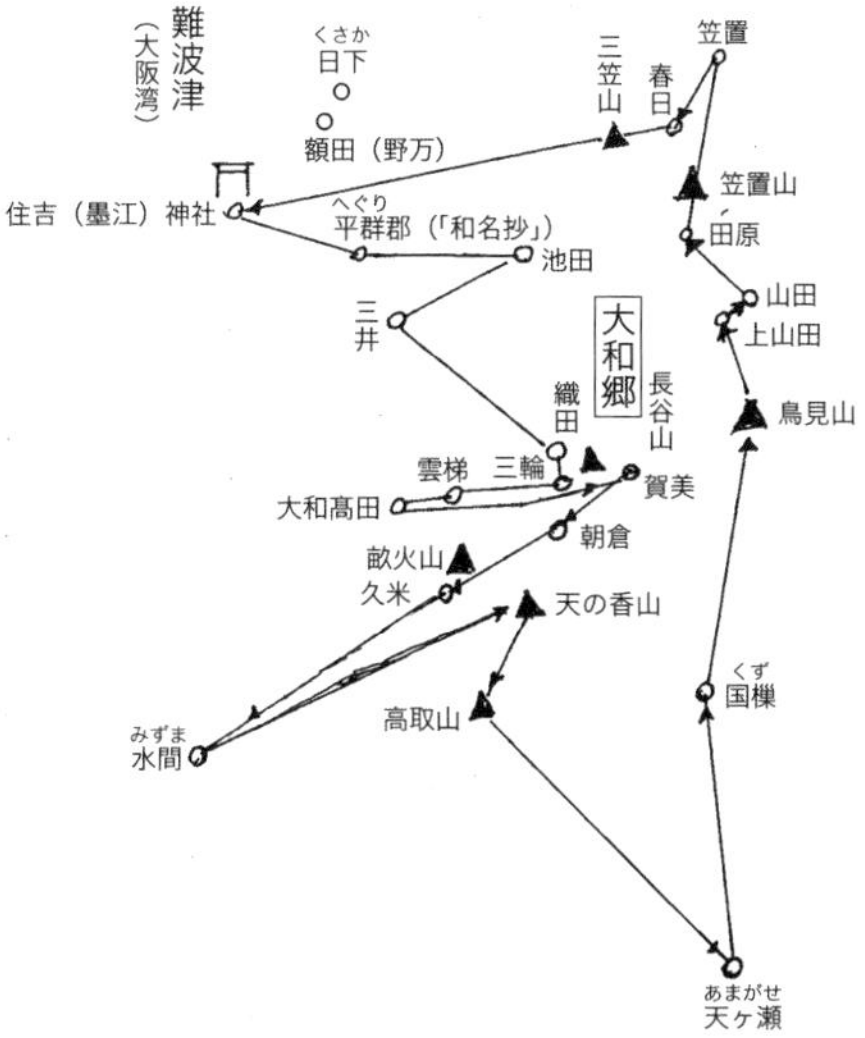

物部一族の遷住地

AD50〜AD100

建御名方神　信州諏訪に逃れた出雲神

出雲の国譲りに最後まで抵抗したのが建御名方神である。『古事記』には天孫族の国護りの強要に対し事代主は服従したが大国主神のもう一人の子である建御名方神は最後まで抵抗し結局諏訪に落ち延びて、追手の神に命乞いをした。ちなみに建御名方神の名は『紀』には見られない。建御名方は新たな文化を東にもたらし、開拓を指導した神として篤《あつ》い信仰を受けたのである。例えば長野県松本市の北部穂高の一帯は太古より細長い湖があった。そしてこの水を川に流し農地を開墾したのが建御名方神と言われている。またこの神の伝承は前方後円墳が一気に東国に受け入れられていった理由を明示している。建御名方神伝説の道の途中には、新潟県弥彦村の越後国一宮《いちのみや》・弥彦神社があって、尾張氏の祖神・天香語山《かごやま》命が祀られている。天香語山は別名高倉下《たかくらじ》命でその末裔は尾張氏といわれ尾張地方に根を張り東海北陸甲信越地方に強い影響力をもっていた。そして尾張氏の活躍は建御名方とそっくりなのである。「天香語山命」は饒速日命と土豪の娘大和の天の道日女との間に生まれた子で別名「高倉下《たかくらじ》」といわれている。

物部氏が最古の最大の氏族であり、紀元前長江下流より倭国に渡来して来た中国系（大月氏族）氏族が倭国の王朝であっては困るからである。そして饒速日命の東遷後、半世紀後神武が東遷し、宇摩志麻治からヤマトを譲渡させたように神話の中で国史編纂が行われたのではないかと思える。

物部氏を調べる時、『先代旧事本紀』に従えば尾張氏は物部氏と同族でありまた物部＝出雲とするならば、建御名方神と尾張氏の継《つな》りの謎も解けヤマト建国後の東国経営に「出雲」が大いに活躍した可能性が出てくるのである。

園神《そのがみ》、韓神《かんがみ》とはどんな神なのかというと『古事記』には素戔嗚尊の子大年神の子に「大国御魂神」韓神「曽富理神」らがいたといい、園神については『記紀』共に記述がない。正史に記述がない神がなぜ宮内省で祀られ年二度の園神祭、韓神祭が執行されるのか。不思議なのは園神は大物主神・韓神は大己貴神と少彦名《すくなひこな》だということである。ここで指摘することは『記紀』神話の出雲神に土着と渡来の二つの属性をもった神が混在していたという認識が朝廷内にあったということである。状況から考えると出雲が朝鮮半島と継っていたことを知りながら、この事実を、神話が隠したとすれば、ヤマト建国の重大なヒントが隠されているはずである。

[蘇我氏系図]

孝元天皇―比古布都押信命―(〇)―建内宿祢―蘇我石川宿祢―蘇我満智―韓子―高麗

―稲目―馬子―蝦夷―入鹿（六四五年〈乙巳の変〉）

蘇我氏の出雲出自説

スサノオノ命の最初の宮があった。出雲の「須賀《ソガ》」の名をとったのが蘇我氏とする説がある。出雲大社本殿真裏にスサノオを祭る摂社、素鵞社があり、『粟鹿大明神元記』には、出雲の樋《ヒノ》川《カハ》の川上でスサノオとクシイナダ姫との間に生まれた子として、「蘇我能由夜麻奴斯弥那佐牟《ソガノユヤマヌシミナサム》留比古夜斯麻斯奴《ルヒコヤシマシヌ》」があることからも窺えるという。蘇我氏と同様、出雲系ともみられる物部本宗家が保守的イメージが強いのに対し、蘇我氏は海外文化を積極的に導入しようとしたのは蘇我氏が伽耶と結ばれていたからとも言われる。

これとは別に、朴炳植氏によると多婆那《タバナ》国（筑後玉名、一説では出雲国とす）出身で新羅の王家の祖となった昔脱解とその子孫は、昔訖解（在位三一〇～三五六）を最後に断絶し新羅王統は、昔氏より金氏になった。新羅王権を逐われた昔氏の王族は本郷《モトックニ》である出雲に帰ったが、その中には武内宿祢に当たる人物がいて、彼は百済と結んで反新羅活動に怨念をもやし、神功皇后を動かして新羅に昔氏王権を取り戻そうとつとめたとみている。朴氏によれば「昔」とは「宿祢の国即ちスクナ」であり、出雲をさし、このスクネが転訛してソガになったとみている。

注：近年吉野ヶ里遺跡に程遠からぬ地域に、武雄（武内宿祢の本貫地）をはじめ、その子供とされる羽田・葛城・巨勢・平群・蘇我や基肆《キイ》（紀伊）の名をもつ地名が見出されており、五世紀初頭これらの小国の首長が応神天皇東遷に呼応して大挙、大和へ移住したことを示唆している。

『紀』では豊後の宇佐にあった邪馬台国でその遺産を継いで、「鬼道をおこなう女王的な地位にあったとする海部の女の金田屋野姫を作り上げた架空の人物である」とあり、実態は息長足姫が成務大王の皇后である。

成務大王は、三三八年生まれで、志賀高穴穂宮で三五七年十九歳で即位する。治世十五年、

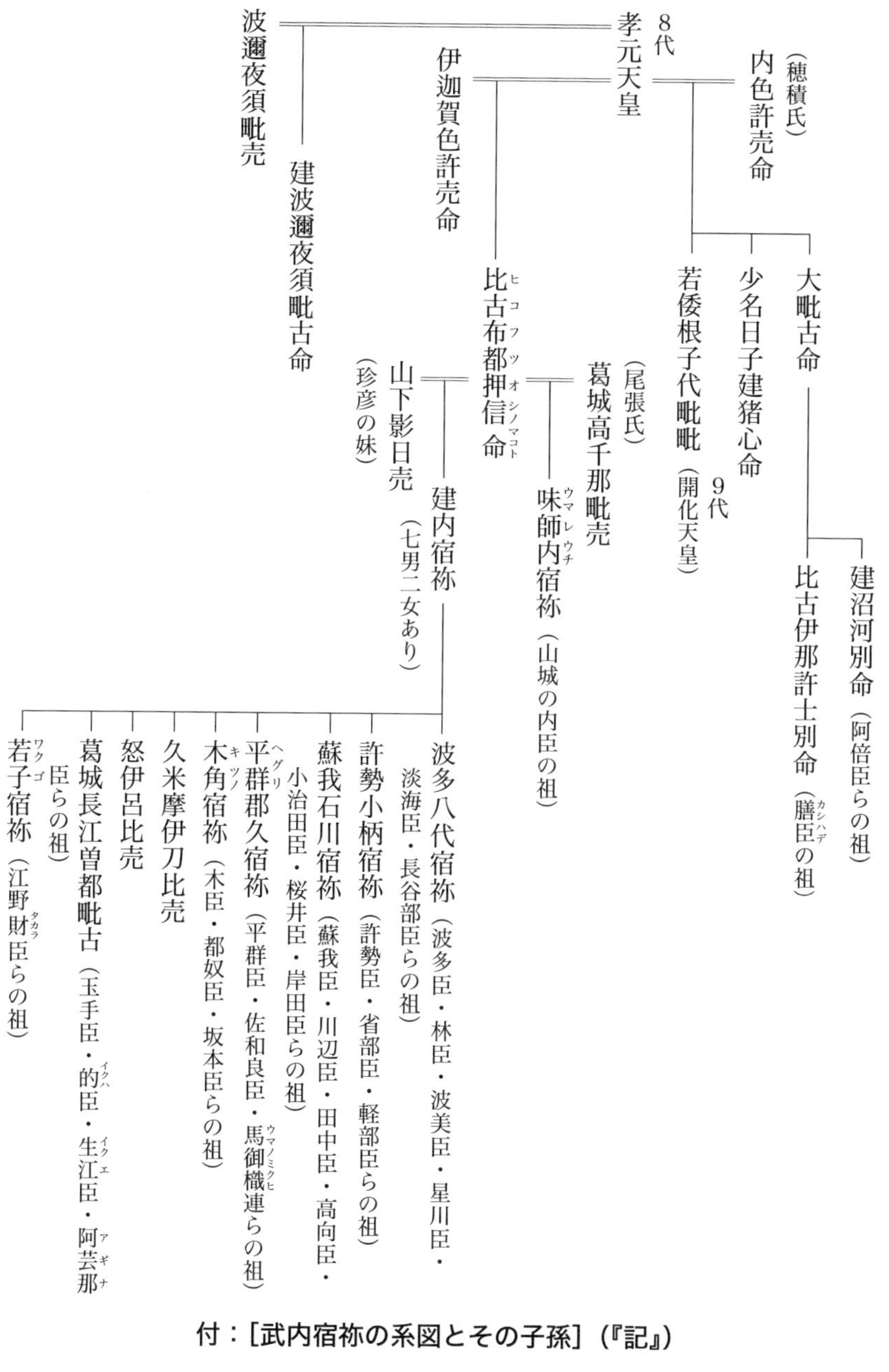
8代
孝元天皇
（穂積氏）
内色許売命
伊迦賀色許売命
波邇夜須毗売
大毗古命
少名日子建猪心命
若倭根子代毗毗（9代 開化天皇）
建沼河別命（阿倍臣らの祖）
比古伊那許士別命（膳《カシハデ》臣の祖）
比古布都押信命《ヒコフツオシノマコト》
建波邇夜須毗古命
（尾張氏）
葛城高千那毗売
味師内宿祢《ウマレウチ》（山城の内臣の祖）
山下影日売（珍彦の妹）
建内宿祢（七男二女あり）
波多八代宿祢（波多臣・林臣・波美臣・星川臣・淡海臣・長谷部臣らの祖）
許勢小柄宿祢（許勢臣・雀部臣・軽部臣らの祖）
蘇我石川宿祢（蘇我臣・川辺臣・田中臣・高向臣・小治田臣・桜井臣・岸田臣らの祖）
平群《ヘグリ》郡久宿祢（平群臣・佐和良臣・馬御織《ウマノミクヒ》連らの祖）
木角《キツノ》宿祢（木臣・都奴臣・坂本臣らの祖）
久米摩伊刀比売
怒伊呂比売
葛城長江曽都毗古（玉手臣・的《イクハ》臣・生江《イクエ》臣・阿芸那《アギナ》臣らの祖）
若子《ワクゴ》宿祢（江野財《タカラ》臣らの祖）

付：[武内宿祢の系図とその子孫]（『記』）

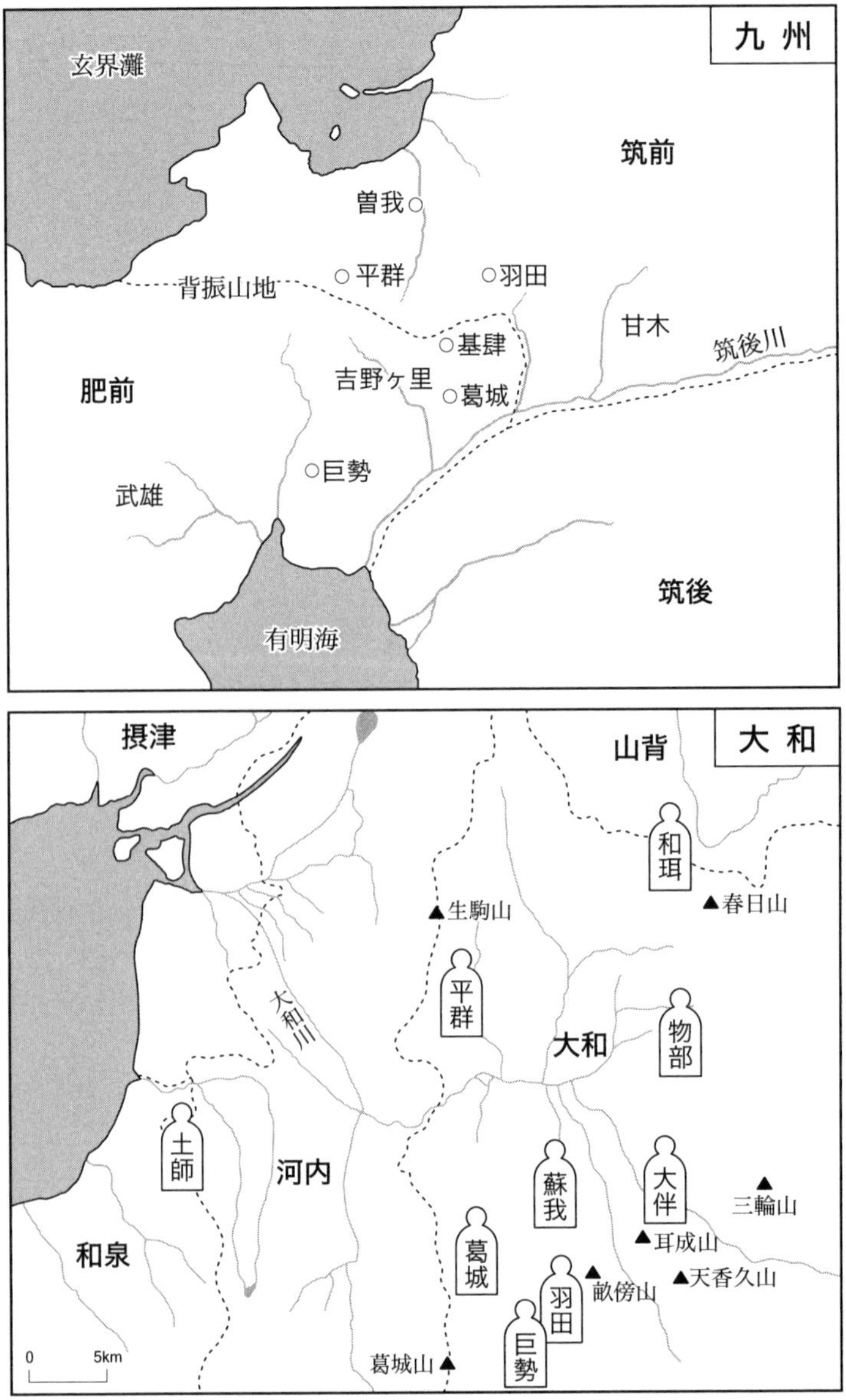

九州の百済系氏族と大和地方の豪族・渡来人

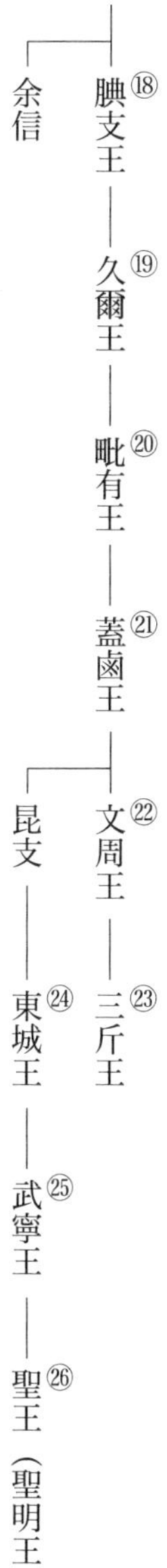

[百済王家系図]

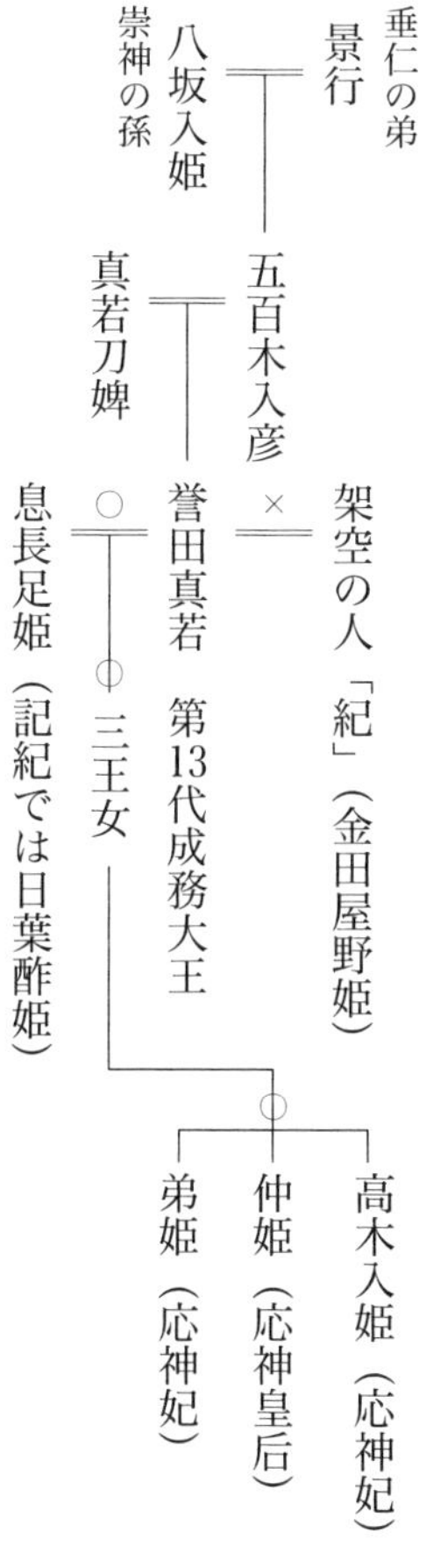

応神朝の誕生まで

三七七年三十八歳で崩御する。子供は王女三人で男児がなく後継者を作る必要があった。そこで、大王は、親友で同年生まれの武内宿祢であり大臣の木満致に相談して、百済の大王家より養子を迎えられるように依頼していた。そこで、神功皇后が百済まで出掛ける。『紀』ではその前に熊襲や、山門《ヤマト》の賊を退治したが、末羅《まつら》国で神占いを行い新羅征伐を決定し、半年後に和珥津（対馬、鰐浦）から出兵した。新羅王は降伏し、領土、人民の明細を示し朝貢を約し降伏したので屯倉《みくら》を置いたという。この伝承については、信憑性のやや高い『百済記』にあり、我が国が三六九年の百済対新羅の戦いに援軍を派遣、平定したと『紀』にいう七カ国が伽耶の大半であった。海路と伽耶からの荒田別らの進軍が見られた。随伴氏族の物部胆咋連《いくいむらじ》、大伴武以《たけい》連などの年代が「七支刀」や「広開土王碑」銘文にある「倭軍進攻時」とほぼ合致しているので事実と見做すことが出来る。

さて、応神の出自はどのようにして生まれたか。婿養子を選ぶ条件は、

1　誉田真若と宇佐にいる三姉妹の年齢に適合する王子であるか。三王女の予想生年三五八〜三六八年。

2　婿は、どこの国の王子でその年齢は？

そして選ばれた王子の国は百済辰王の血を受け継ぐ第十八代腆支《きし》王の兄の余信であり、皇后出征時（三七〇年頃）王子が一五歳前後であれば適合か。神功皇后は自分の王子とするため、王子の名前を誉田「ホムタ・コンダ」と変名させている。そして、応神は辰王家直系の利残（熊津百済）系であり、「応神」とはヤマト言葉で意富人《おおと》＝大《おお》、神《かみ》＝君《きみ》であるので大君《おおきみ》となる。

神功皇后は成務大王が三七七年に崩御した後摂政を五年間つとめた。応神大王の即位は三九〇年三五歳である。その間、義母の神功皇后が三八九年に死去する（応神朝が誕生）までその大君《おおきみ》の摂政を務めていたのである。この間の事を後世「腹中摂政」と言われている。神功皇后死後、応神大王は海部一族や武内宿祢に守護されて大王教育を受け、その間に、太子時代に仲姫を皇后とし、長女高木入姫と三女弟姫を皇妃として娶る。応神大王が灘波の地に凱旋《がいせん》する時先帝仲哀大王の子、香坂・忍熊の二王子が抵抗して来たので海部建振熊や武内宿祢一族等がこれらを打倒する。九州の邪馬台国は、既に二六七年に八咫《やちまた》の鏡を孝昭大王に台与女王からさし出して、大和朝廷に合併吸収されていた。

歴史とは、その時代時期を調べる学問であることが基本である。

昆支《こんき》は継体であって、そして応神である、と言う学者がいるが、応神と継体では百年の時代差がある。昆支は継体であって、応神と同一人物ではない。また、欽明は継体系の親子関係とは全く別の世界から生まれた王朝である。

『記紀』の示す継体大王の出自

『記』応神―若野毛二俣王―太郎子―○―○―継体
『紀』応神―若野毛―○―○―乎非王―汗斯―継体

父の彦主人王《ひこぬしおう》は近江国高島郡の住人で、母振姫を越前の三尾から迎えている。継体は即位後、吉備出身の仁賢大王の娘で武烈の妹の手白髪皇女を皇后とし欽明大王を出生させたとしている。また尾張の目子媛との間に、安閑と宣化を出生させ、越前の倭比売には男児三人、女児三人。近江では三人の媛との間に、男児二人、女児七人。河内の関媛には女児三人。山城の若媛には男児一人、女児二人。越前阿倍之波延比売には男児一人、女児三人を儲けている。この事は、越前沿岸部から琵琶湖沿岸の近江、淀川水系を経て河内に至る地域に拠点を造営し、また、美濃から尾張にかけて東海地域にも勢力を伸ばしていたことを示し、山城の一角にも拠点を造営した大豪族になっていたと言える。予想される年齢については、四五〇年頃の生まれで五〇七年以降の即位で、五三一年崩御享年八十歳過ぎではないかと考えられる。

即位後、樟葉宮で五年、山城の筒城《つつき》宮で七年、京都乙訓郡の弟国宮で八年、即位二〇年目に大和の磐余の玉穂の宮で落ち着いたといわれている。『紀』武烈大王死後、その妹の手白髪皇女を皇后にして欽明大王を生んでいるがその生年月日も不明である。もし二皇子が存在していたとすれば、それは、前述の目子媛から生まれた二男児だと考えられ、年齢も高くなっていたと考えられる。『日本書紀』は大王家の継承を造り上げるための虚述でしかない。

そして、継体大王とその二皇子は、五三一年に次王の欽明によって殺害されたと記述されている（『百済本紀』）。

扨《さ》て、継体大王は、その出自は、百済国第二一代蓋鹵《こうろ》王の弟の昆支《こんき》のことであり享年八十一歳で五三一年崩御だとすれば生誕年は四五〇年となる。実子の二男、武寧王に色々と支援をして来たので、武寧王は感謝を込めて父の継体に、白銅二百旱を送り、二人の高官に命じて鏡を作らせた。それが、隅田八幡から出土した五〇三年作の銘文入りの白銅鏡である。

蓋鹵《こうろ》王は四七五年に高句麗第二十代長寿王との戦いに敗北し殺害された。そこで百済文周王は熊津に遷都し再建した。その時昆支は二三歳となり倭国に亡命渡航して来たのである。

当時の応神朝の武烈王が五〇七年前に崩御し、後継者がなく、次代を継ぐ大王候補がなく空席となっていた。そこで大伴金村が見付け出したのが昆支こと男大迹である。即ち即位後の継体大王《けいたいおおきみ》のことである。新しく継体王朝が誕生したのが五〇七年の頃である。二三歳の時倭国に来てから尾張の目子媛との間に安閑と宣化の二皇子を生ませたとしている。

『紀』では継体は、五八歳（五〇七年）の時、大伴金村から神宝である鏡と剣を受け取り、まるで前王朝から降参を受けたような形式で即位している。この即位は正常な政権の継承ではなく、即ち、征服またはクーデターだったという印象を受ける。また、隅田八幡宮の銅鏡では五〇三年には王となっている点であり、昆支は正常な手続きによって倭王となったのでなくクーデターに依るものと思われる。

『百済本紀』にはその享年は五三一年と伝えている。内容は、（大王、皇子共に死す）と。

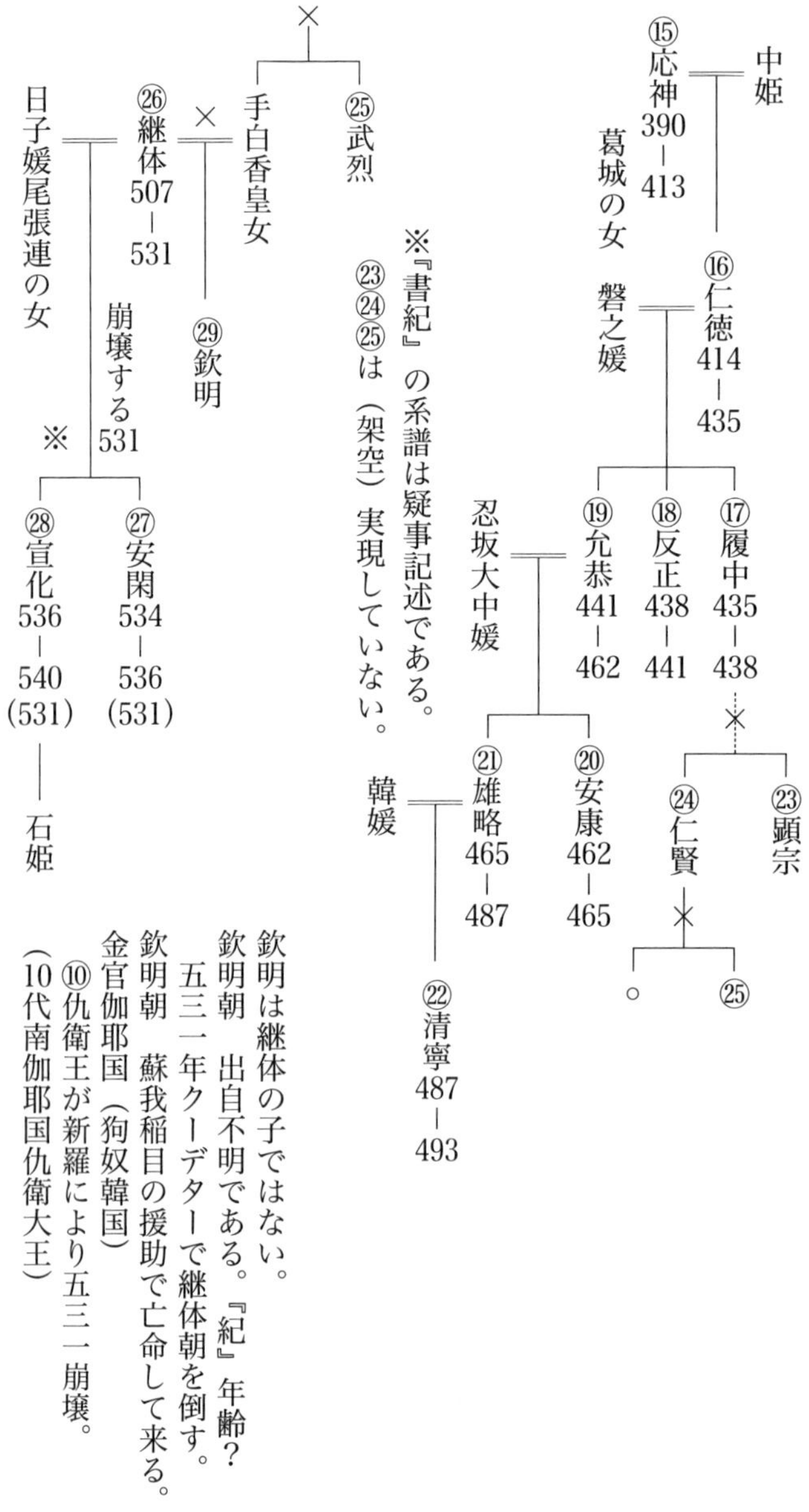

応神朝の成立と最後の系譜　『紀』

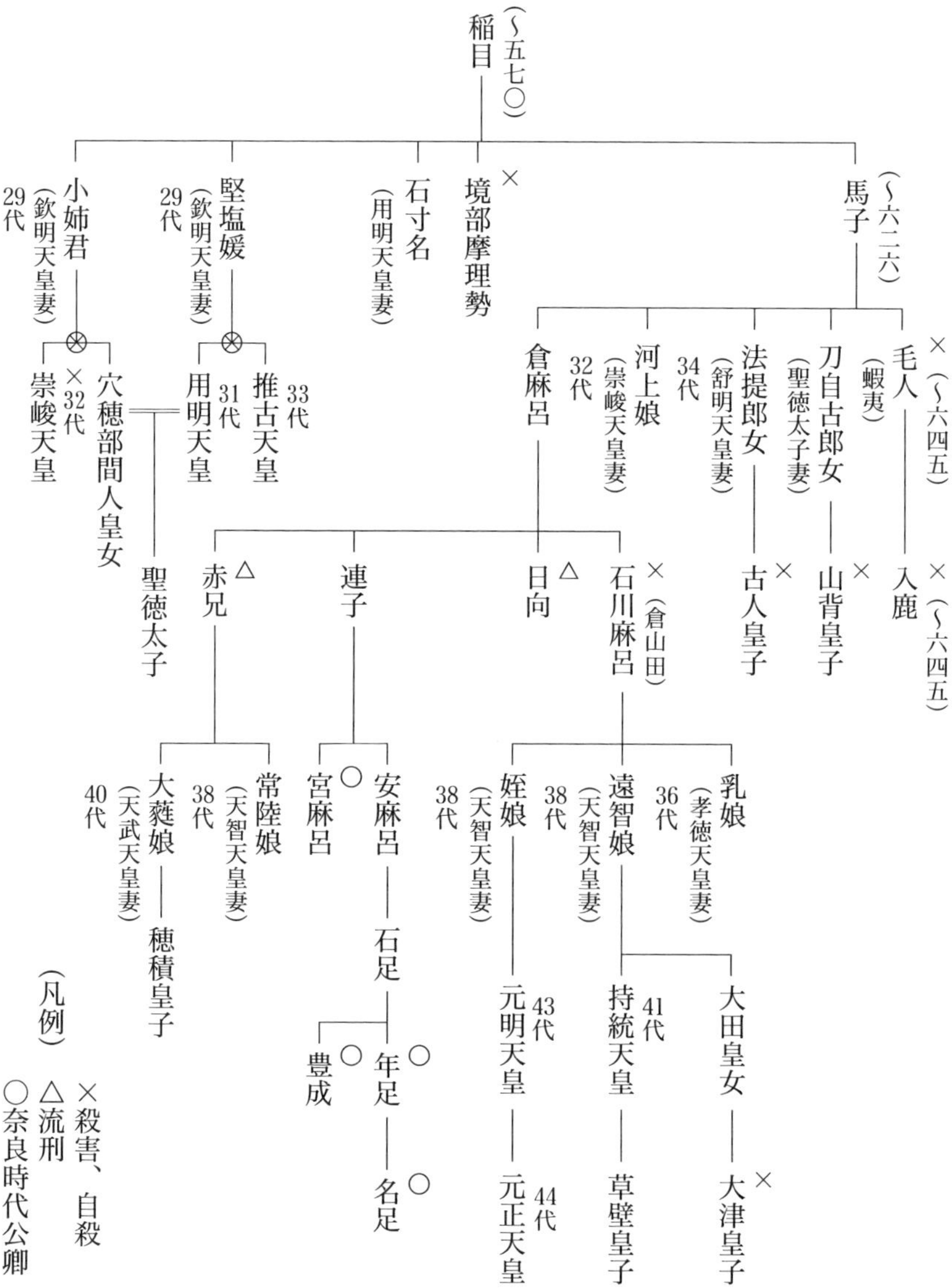

蘇我氏と天皇家の関係の系譜

欽明・稲目蘇我時代

稲目の孫用明、推古の大王に継嗣させている。また、馬子の孫の倉山田石川麻呂の娘三人のうち二人（遠智娘、姪娘）はそれぞれ持統・元明の母であり天智の妃である。これは七世紀後半の天智の妃となり百済系王朝を維持させるための血縁と見るべきである。

蘇我氏の始祖とされる石川麻呂の孫に満智がいるが、それは百済の大臣の木満致のことである。百済では四二〇年に腆支《とき》王が死に次の久爾辛《くじしん》王が若くして即位したがそれを補佐した大臣が木満致である。そして蘇我氏の系譜とは満智（初代武内宿祢）―韓子―高麗―稲目―馬子―蝦夷―入鹿となる。

このように葛城氏と蘇我氏は共に大王家の外戚として五世紀から六世紀にかけて大和難波王朝で勢威を揮っていた。また同じ時代に大和難波政権に参加していた平群《へぐり》・巨勢《こせ》・紀・波多・葛城・蘇我氏らは武内宿祢の一家として景行成務仲哀応神仁徳の五代大王に仕えており複数の家の合成されたのが武内宿祢という名称である。

『日本書紀』が伝える伝承系譜は、下図の通りである。

孝元大王
＝物部伊香色謎
―比古布都押之信命
屋主忍男武雄心
＝紀直氏遠祖宇臣豈、山下影日売
―武内宿祢

佐賀県武雄市に武雄神社という古い神社の祭神が武内宿祢であり、その他に仲哀大王神功皇后応神大王が祀られている。

六氏祖先が古代佐賀にその祖地があり、これらの氏族の同盟連帯団結をし海事を行う集団。

継体大王の出自について。

『記紀』の後に『釈日本紀』が引用する『上宮記』の系譜では意富富杼王は「太郎子」と記され、その子に乎非王がいて、その子の汗斯王が継体の父である彦主人王の父であるとしている。

乎非王━汗斯王━彦主人王━継体

継体は二代前の大王の娘を皇后としたとあるが皇族の女性に入婿したと記されるが実際は皇位簒奪者だとするのが自然であり『記』や『上宮記』の系譜は真実を糊塗する為の作為であろう。前王朝の応神系の清寧は皇后も立てず、死後王位断絶する。そこで丹波の国から億計《オケ》、弘計《ヲケ》の二皇子を見付け出し弟の弘計が顕宗、兄の億計が仁賢となって皇位は途絶えず、しかし、仁賢の子武烈には世継の子がなく死んだ。欽明以降の大王が任那復興を何回も計画した。先代の継体の時代に半島政策に失敗し「磐井の乱」を招し結果として新羅によって任那が滅び吸収されたことへの悔恨によるものである。

欽明が任那王家の亡命王だとしたら、百済の昆支の継体が任那の殆どを百済に譲渡し、体力が弱くなった金官伽羅も新羅との戦いに破れその傘下に降《くだ》ったのであるから、金官加羅国の王仇衡が倭国に亡命し欽明として継体の後の大王を纂奪し大王となり母国任那の諸国の復活を願うのは当然と考えられる。

五一二年百済では高句麗の戦いで百済に援軍を送り百済へ任那の上哆唎、下哆唎、娑陀、牟婁の四県を割譲した。その処分に不満であった任那の伴跛国は「我国は己汶国の土地が奪われた」と訴えたが継体のヤマト朝廷では百済の将軍と新羅、安羅と伴跛の使者を引見し百済国に対し己汶と帯沙の土地を与えた。◎この処置に対し伴跛国は子呑と帯沙に、城を造って百済と対決するようになり新羅と接近を図り倭国から離れていった。そこで継体王朝は物部連らの軍を派遣したが撃退され百済にとどまった。

倭国の態度に怒った任那の加羅王は新羅側についた。そうした時筑紫の国造の磐井は「火・豊二国」に掩拠りて兵を挙げた。そこで継体軍の物部麁鹿火に命じて御井の原での大決戦の末叛乱を鎮圧した。敗北した磐井の子の葛子は糟屋の屯倉を大和朝廷に差出すだけで許されている。何故新羅攻撃を妨害したのか。◎九州筑紫の国は豊の国と並んで完全な独立国であり、本来の倭国とは九州王朝のことであり、大和王朝はその分国であったとし、磐井こそ九州王朝の大王であり大和朝廷に敗れた後も肥後を地盤として九州王朝は存続していた。

任那とはどんな国か？

六、七世紀にかけて飛鳥にあった王朝は蘇我氏の勢力によって支えられてきたが、その背景には百済国が見え隠れし、取り分け欽明については新羅に滅ぼされた伽耶の金官加羅国から亡命して来た王族であるということで、異常な執念で任那復興を願望し「任那は元来我国の領土である」とそれだけを欽明大王の政策としていた。任那、伽耶、加羅とは半島南岸の釜山に河口をもつ洛東江の西側一帯、廣尚南道から廣尚北道にかけての西半分にあたる所であり、そこにはＡＤ一世紀から六世紀にかけて伽耶国があった。そこには『魏志東夷伝』「韓の条」でいう弁韓と記されている所である。そこには弁辰二四国として弥鳥耶馬国、安耶国、狗耶国、戸路国などの名前が挙げられてい

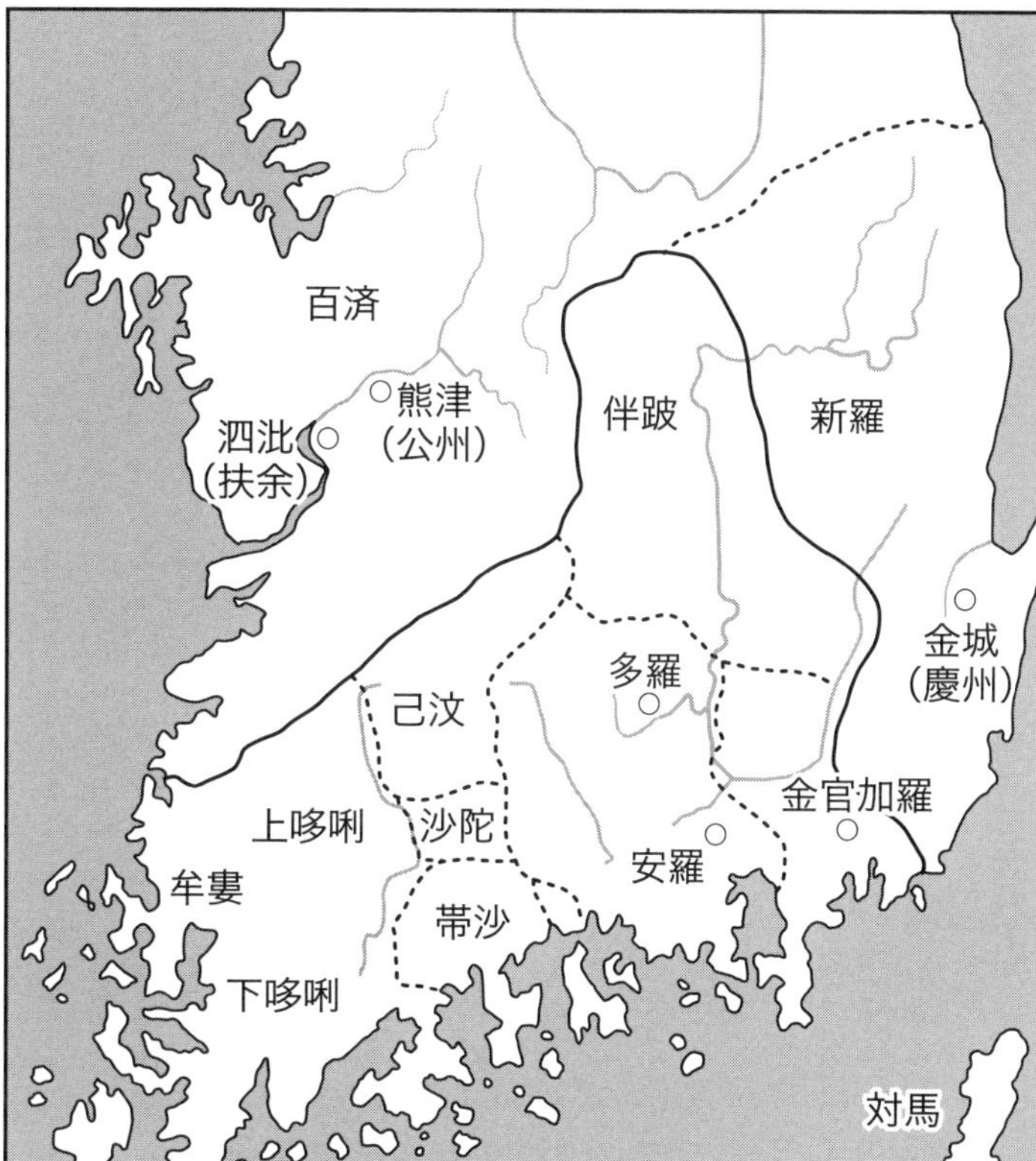

6世紀の韓半島南部

る。そしてその最南端の日本に一番近い所にあった狗邪韓国という国が金官加羅国である。単に加羅国とか駕洛国と記されている場所に相当する。

一般的に狭義で加羅とか加耶という時、金官加羅のことを指す場合もあるが、広義でいう場合にはもっと広い範囲の一帯のことを指しており、それはちょうど「神功紀」『紀』で荒田別、鹿我別らが兵を率いて派遣され、平定したとされる地域に相当する。

『三国遺事』の第一巻に任那諸国の歴史を国ごとに概説している。その中に「五伽耶」という項目があり、金官伽耶、阿羅加耶、古寧、加耶、大加耶、星山伽耶、小伽耶の六国名が記され、また別説には、非火加耶の一国があげられて五伽耶と言いながら実際には「七伽耶」になっている。それ程高くない丘陵や山地に囲まれた広くない平野がいくつも継っている土地は大和盆地や吉野の平野とよく似ている。そして倭人が多く住み、大王（天皇）家を含む古代の諸豪族は紀元前後にこの伽耶の各国から日本列島に渡来して日本の各地に離散していった。五三二年金官加羅国が新羅に併合されその後三〇年程度で伽耶諸国の領土は全て新羅の下に吸収されてしまった。しかし伽耶の別名である任那という文字は中国吉林省の集安に建つ高句麗の広開土王（在位三九一～四一二）の業績を記した石碑に刻まれている。そこには「新羅の城には倭兵が満ちている」とある。中国の南宋に朝貢した「倭の五王」が「任那王」の称号を許されているから継体にとって任那の土地を百済に割譲することは当然可能な行使と考えたのであろう。倭人と新羅国との戦いの事実は『新羅本紀』には数多く記録されており両者の関係は密接であり応神期九〇年間には交流が盛んに行われていた。

欽明は『紀』によれば継体と賢仁の妹白髪皇女の間に生まれたと記されている。しかし継体が即位した年齢は五十七歳頃であり、それより後に生まれたとあるが不可解なことが『百済本記』に記されている。継体は筑紫君磐井を滅ぼした五二八年の三年後の五三一年に亡くなったと書かれている。『百済本記』の引用として「この年日本天皇、太子皇子ともに薨ず」と記されている。

倭の五王の南朝時代に記録される比定

五世紀の中国は南北朝時代と呼ばれ、黄河の流域に東魏とか北周とか鮮卑系の民族が建国した五つの王朝が興亡した。漢武族の宋、斉、梁、陳、の各代の皇帝に、倭の五王は朝鮮半島を含む全権利を認承して貰う為の朝貢記録である。

	西暦	中国皇帝	遣使倭王	比定倭王	記事
1	四一三	晋・安帝	讃	応神	遣使、朝貢。
2	四二一	宋・武帝	讃	応神	朝貢、除授を賜る。
3	四二五	宋・文帝	讃	応神	朝貢、方物を表す。
4	四三〇	宋・文帝	倭王	仁徳	朝貢、方物を表す。
5	四三八	宋・文帝	珍	履中	安東将軍、倭国王に叙す。
6	四四三	宋・文帝	倭王	允恭	遣使、貢献。
7	四五一	宋・文帝	済	允恭	安東将軍、倭、新羅、任那、加羅等軍事。
8	四六〇	宋・孝武帝	倭国	允恭	遣使、貢献。
9	四六二	宋・孝武帝	興	安康	遣使、貢献。
10	四七七	宋・順帝	倭国	雄略	遣使、貢献。

11　四七八　宋・順帝　　武　雄略　　遣使、貢献。安東将軍、使持節都督、倭、新羅、任那、加羅軍事。
12　四七九　斉・高帝　　武　雄略　　新除、鎮東大将軍。
13　五〇二　梁・武帝　　武　雄略　　追号。征東大将軍。

長男は勾皇子（安閑）であり皇子は高田皇子（宣化）であろう。『紀』ではこの二皇子共に天皇になったことにされている。五三一年継体崩御、二年空位があって五三四～五三五年が安閑天皇つづいて五三六～五三九年が宣化天皇ということになっている。そして五三九年の暮れに末子の欽明が即位したとある。しかし『元興寺縁起』（蘇我氏系縁起）や『上宮記』によると欽明の在位は四〇年或いは四一年間となっているからその即位年は八～九年遡り五三一～五三一年に当たる。よって安閑・宣化の在位は無かったことになる。欽明の皇后となったのは石姫で実の兄とされる宣化が父であるという。血のつながった姪だったとしても結婚することは外姻制を行う騎馬民族でも絶対にしない。前王の妃や娘を皇后とするようなことは王位の簒奪者がすることである。つまり欽明は皇位を奪取したということになる。

そこで気付くことは欽明の即位が五三二年だとすると金官伽羅国が新羅に降伏した年だということである。そうなると前述したように、新羅に降伏した金官加羅国の王である仇衛の兄金仇亥と、その時の王族は仇衛であり『新羅本紀』には兄仇亥は王妃と三王子と共に国の財産（宝）を持って投降したと記されている。新羅王は彼らに本国をその食邑として与えたとしているから、その一族はそのまま旧領の釜山の西隣の金海に住んでいたことになる。弟王の仇衛については何の記述もない。仇衛は亡命したと考えると、欽明の歿年齢は「若干」とされ故意に知らされていない。そして前半生が全く不明である。『記紀』の記述形式がそれ以前と著しく異なり、内容は朝鮮関係のものが多い。加えて天国排開広庭という諡号は新王朝を造った皇位簒奪者を思わせる。

それを亡命者と決め付ける傍証となりそうな事例を示すと、欽明の子孫には橘豊日《たちばなとよひ》と呼ばれた用明大王、豊御食炊屋という名の推古天皇を始めとして豊という文字が付く名前が多い。それは豊の国に加羅国の分国があったとするからである。豊という文字は韓語で「カラ」と読む。この政権には任那復興への執念がある。

そして終始一貫して百済との関係を重視して倭国が百済と兄弟国であったかのように振る舞っている。しかも欽明の子敏達は百済の大井の宮を造っているし玄孫の舒明も百済宮に入りその葬儀は百済大殯によって営まれていた。

任那復興会議　欽明二年?、欽明五年?、五四一年、五四四年

（参加国と参加者）

百済国　聖明王（聖王）

安羅国　次早岐夷呑、大不孫久取柔利、下早岐

加羅国　上首位　古殿奚

多羅国　下早岐　二首位　訖乾知

他五国

倭　国　任那日本府臣　吉備臣

この会議は五三二年に新羅によって滅ぼされた任那六国の一つ金官加羅国を再建させようと百済の聖明王によって主催したものである。旱岐とはモンゴルなどの騎馬民族で使われた用語で首長を意味する。聖明王は「任那諸国と百済は古来より子弟たらむことを結べり」と言い新羅の無道を非難し任那の復興策を提案している。

『紀』の「欽明紀」を見ると三二年間の記事の殆どが百済、高句麗、新羅の三国間の朝鮮の覇権争いに関するものでそれ以外の記事は蘇我と物部の仏教の受容排斥争い問題くらいのものである。『三国史記』によれば五五一年から翌年にかけて新羅が高句麗領内に進出して、新しい州を置いたのに対し百済は五五四年に新羅に敗れ聖明王は管山城で戦死している。

百済にとって任那復興は功実で緊迫したことであった。そして新羅は高霊を攻めて五六二年には任那六国の最後の生存国の大伽耶《うがや》国も滅び伽耶諸国の全てが新羅の支配下となる。任那という国は垂仁二年紀にある意富加羅国王子である都怒我阿羅斯等《つぬがあらしと》に対して崇神天皇が「御間城天皇の御名をとりて汝の国の名とせよ」と言ったという記事にある。=『紀』による。

ミマナという国名はミマキイリ彦の名から付けられたものである。「在韓倭人領事」があったか。中国の南宗の文帝と順帝は倭王賛に対して倭、新羅任那加羅、奉韓、慕韓の六国諸軍事に任じていることから応神の神功摂政時代には半島南部に何らかの力を強調する役所があったものと考えられる。欽明以降の敏達の時も、次の崇峻でさえ任那復興を念願した行動をとっているのであった。

物部の守屋大連と蘇我馬子との「丁未の役」

物部氏と蘇我氏の戦いの原因として次の項目が指摘出来る。

一、継体大王後継問題で物部尾輿、大伴金村と蘇我稲目との対立
二、外戚政策による蘇我勢力拡大への警戒心
三、産業、交易、田荘《たどころ》、部民等の開拓面の軋轢《あつれき》
四、渡来人組織化にともなう利害対立（東漢）
五、仏教伝来に伴う受容可否での対立
六、対外政策関係の意見対立
七、大王擁立に絡む方針対立

この問題は蘇我稲目が宣化大王元年五三六年に初めて大臣に任じられ、大伴金村・物部麁鹿火両大連と肩を並べ、五八七年物部守屋大連の敗戦死までの五〇年間が対象で欽明・敏達・用明大王執政期間となる。稲目死去五七〇年以降十数年間馬子と守屋の間に齟齬が生じたことが核心となる。しかも二二歳で大臣を引き継いだ馬子を「守屋は指導応援した」といわれ妹を娶らせているので当初は円満な間柄だった筈で五八五年以降の敏達後継者問題で衝突の危機が頂点に達したのではないかと考える。

新羅は唐と連合体を組み半島の覇者となる

『三国史記』によると五五一年から翌年にかけて新羅が高句麗領内に進出して新しい州を置いたのに対し百済は五五四年に新羅に敗れ、聖明王は管山城で戦死している。百済にとって任那復興会議は功実で緊迫したことであった。そして、新羅は高霊を攻めて五六二年には任那六国の最後の生存国の大伽耶《うがや》国も滅び伽耶諸国の全てが新羅の支配下となる。

欽明以降も大和王朝は任那復興に執念を燃やしていたのである。

これまで見て来たところ七―八世紀の日本の天皇家に百済や新羅の王族が参入しているではないかという疑いが生まれている。ここで注意することは、第一に七世紀半ば頃までの東アジアでは、今日のような、朝鮮人とか日本人とかの民族は未だ成立していなかったという事である。文化共同体として、高句麗人、百済人、新羅人、伽耶人、倭人の社会はあったが、その人達はそれ程明瞭に住み分けていたのではなく朝鮮半島から日本列島の広い範囲に混然として住んでいたと考えるべきである。つい百年程前の日本では本州と九州関東と関西とでは言葉も通じづらく、薩摩と津軽とでは言語上は全く異民のようであった。自分達の先祖への誇りや、土地に対する愛着はあり共に触れ合いのある場合を除いて互いに警戒することはあっても憎み合うことはなかった。六世紀の前半に半島南部の伽耶国が新羅によって征服され統合されてから後は半島では高句麗百済新羅の三国は対立し、それに日本が加わりそれぞれ王家によって支配されていた訳である。これらの王族の祖先は民衆とは別の北方騎馬民族であり互いに本家分家的な同族意識をもち相互に姻戚関係で結ばれていた。つまり各王家は同じ系統の者達と考えてその間に対抗意識が生じた場合にはその支配下の民衆を組織して戦争するが平時には自然な交際をし経済的文化的な交流をもって親近感をもっていたはずである。つまり現代でいう外国人という感覚はなかったと思われる。しかし六六〇年代に新羅が唐との間で「羅唐同盟」を組み高句麗と百済が次々と滅ぼされた。新羅や日本では大陸の唐の文化や制度を導入し中央集権的な国家が建設されるようになると次第に領土としての国が意味を持つようになりそれに対し上流社会の中に限っては古代的な民族意識が生じ始めるのである。

「乙巳の変」のクーデター直後、古人大兄《え》皇子は、中大兄皇子が蘇我入鹿を殺害した事を、「韓人鞍作を殺しつ」と言ったと伝えられる。この意味は何か、中大兄皇子は韓人か、ということになる。即ち中大兄の父の舒明（在位六二九〜六四一年）については、百済の武王（在位六〇〇〜六四一年）のことであるとし、『紀』に描かれているような出来事がそのままの事実ではない。このように一人の歴史上の人物が二つの国で別の人物のように活躍する一人二役を演ずることは出来るだろうか。この「二人の王者」が同一人格とした場合なぜ古人大兄皇子が中大兄皇子のことを韓人と呼んだのか。この事件は「百済勢力の演じた権力奪取である」と理解したのだと考える。つまり古人大兄皇子は舒明も中大兄も百済人即ち韓人だと考えていたことになる。『紀』の皇極天皇元（六四二）年の記事に舒明の死去を伝え聞いた百済の義慈王から早速弔問の使者が来たことを記している。

その使者は百済の国情として「今年の正月に国王の母が薨ぜぬ。亦弟王子の児の翹岐……島を放たれぬ」と報告している。百済は日本の舒明の死を悼み、それと関連して百済の国の王室の現状などを伝える必要があると考えていたことが判る。

㉙欽明大王532－571（金官伽耶王仇衡）は㉖継体大王507－531を亡ぼす。㉗安閑㉘宣化共に531年に死亡する。『紀』は以下の系図を示す。

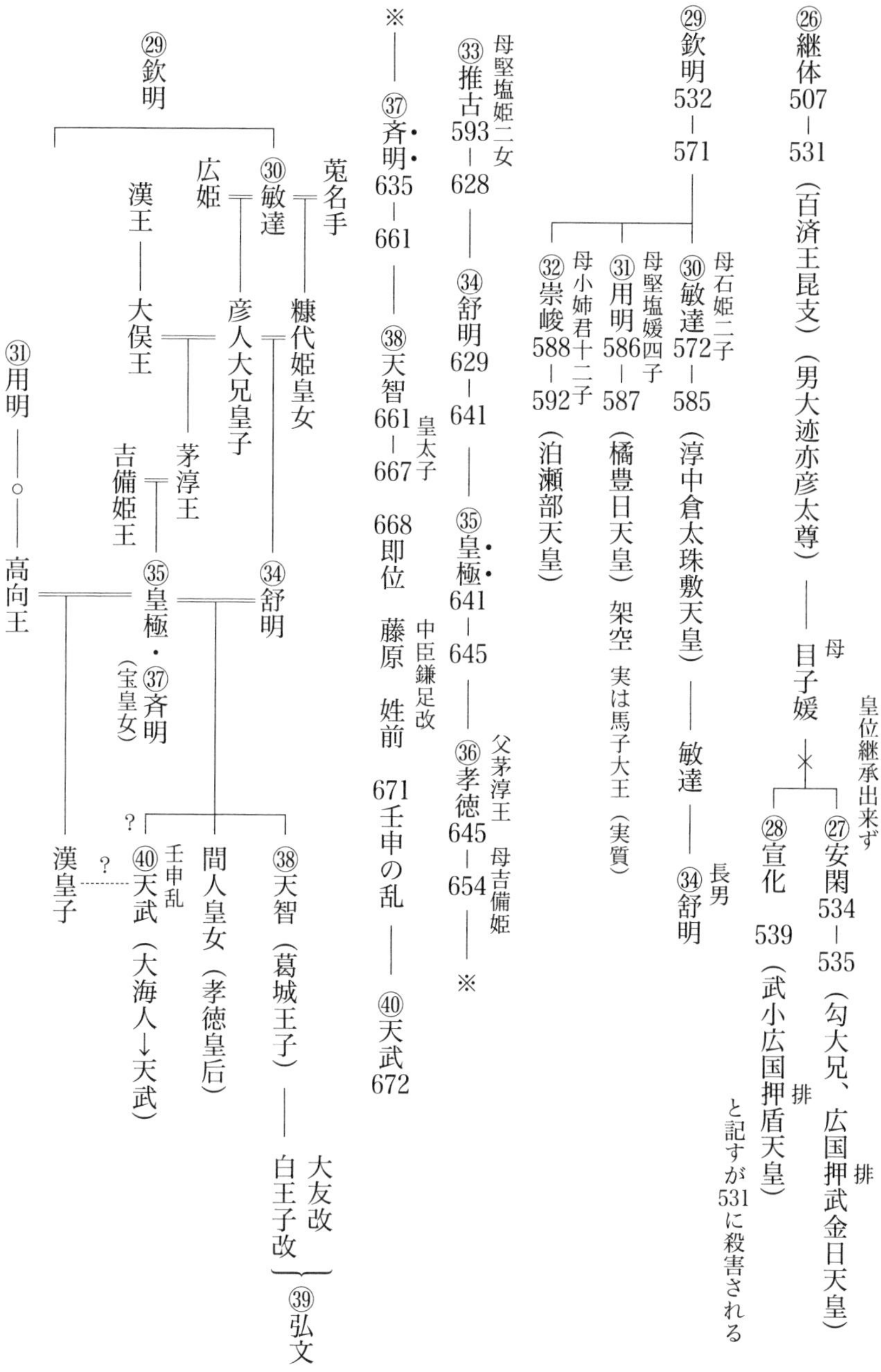
㉖継体 507–531（百済王昆支）（男大迹亦彦太尊）
母 目子媛
皇位継承出来ず
㉗安閑 534–535（勾大兄、広国押武金日天皇）
排
㉘宣化 539（武小広国押盾天皇）
排
と記すが531に殺害される
㉙欽明 532–571
㉚敏達 572–585（淳中倉太珠敷天皇）
母石姫二子
敏達
㉞舒明
長男
㉛用明 586–587（橘豊日天皇）
母堅塩媛四子
架空 実は馬子大王（実質）
㉜崇峻 588–592（泊瀬部天皇）
母小姉君十二子
㉝推古 593–628
母堅塩姫二女
㉞舒明 629–641
㉟皇極 641–645
㊱孝徳 645–654
父茅淳王 母吉備姫
※
※
㊲斉明 635–661
㊳天智 661–667
皇太子
668 即位
藤原 姓前
中臣鎌足改
671 壬申の乱
㊵天武 672
㉙欽明
菟名手
㉚敏達
広姫
糠代姫皇女
彦人大兄皇子
漢王
大俣王
茅淳王
吉備姫王
㉞舒明
㉟皇極・㊲斉明（宝皇女）
㉛用明
高向王
㊳天智（葛城王子）
大友改
白王子改
㊴弘文
間人皇女（孝徳皇后）
?
㊵天武（大海人→天武）
壬申乱
?
漢皇子

649年金多遂来日後、大海人皇子として天智朝の看視役、弘文即位後壬申の乱に勝利し天武となる。

「蘇我馬子大王説」を唱える立場の人は、用明~皇極は系譜的に創作された大王であり、蘇我馬子の系統こそが名実ともに備わった大王であったとする訳である。

日本古代史で、「最高の大人物」として描かれている聖徳太子とは、どういう人であったのか、太子は七世紀初頭の倭国の政治の実質的な人物と見られる訳である。『紀』によると、父方も母方も、曽祖父も蘇我稲目である。まず用明大王は従姉妹の穴穂部間人皇女を皇后として、その子が聖徳太子としている。馬子は姉妹の二人を欽明の妃とし、娘の刀自古郎女《とじこらめ》は聖徳太子の妃となり、同じく娘の法提郎媛は欽明天皇の妃となっている。こうして馬子は二重、三重に天皇家と結びつきその外戚として、自分は大臣《おおおみ》の地位につき政治の権力を得ていたが、実際は、倭国では、同族同士の近親結婚は行われていたとは考えられない。そして重要な意味をもつ疑問は太子の子孫の十四名が全て抹殺されたことである。

欽明・稲目時代の実態

蘇我氏が支配権を握り、五七二年敏達即位時、稲目の子の馬子が大臣となり、『日本書紀』で、用明天皇を作り、その子として「聖徳太子」を架空の人として生むことになる。

そして、馬子と聖徳太子親子が物部守屋大臣を倒し、名実共に蘇我一族の独裁朝廷を明日香の地に開く(聖徳太子架空論)。

六二六年蘇我馬子没。同時期六二八年推古崩御。六二九年舒明即位。翌年宝皇女立后。六四一年

舒明崩御。翌年宝皇女皇極として即位。六四三年飛鳥板蓋宮に遷都。
山背大兄王自殺。六四五年入鹿殺害される。
孝徳天皇即位。古人大兄王殺害。大化改新が始まる。

つまり馬子は、大王として倭国を支配していた。その頃に、旧勢力を代表していた物部守屋は排除されて、その後、馬子は大王位を息子の蝦夷に譲り、自分は用明となり、推古・舒明・皇極の治績とされる諸実績は全て、馬子蝦夷が行ったことである。そして、聖徳太子という人物は実在せず、その偉大な業績は全て馬子自身及び蝦夷が父の馬子のために行ったものである。

それらの業績は、『書紀』は架空の英雄を創作しそれを用明天皇の皇太子として作成されたのである。

大極殿のクーデターによって打倒したとした以上、前代の治績《（事）》を、大王であった蘇我氏の功績とするのが不都合なため、実際には大王ではなかった欽明の子孫である数人の男女、敏達から皇極に至る天皇が政治を担っていたかのように記録したのである。

このような立場の人間を聖人に仕立てて、天才太子として崇拝者を後世に作り出した。太子の功績の全てを『日本書紀』以外にも『聖徳太子伝暦』・『上宮聖徳法王帝説』等に大量な記述を残している。推古天皇の摂政として、そして太子の事績としている事績として「冠位十二階」の制定、「憲法十七条」の説定、また、四天王寺などの建立、「三経義疏」などの著作、全て太子の行ったものとされているが、これらは蘇我一族の仕事ではなかったかと見る。即ち、元来、聖徳太子は存在しなかった。太子の出生について、父、用明大王（欽明天皇と蘇我稲目の娘の堅塩《きたし》媛の子）で、母穴穂部間人《はしひと》皇女（欽明大王と稲目の娘、小姉君の子）で曽祖父は共に稲目となる。聖徳というのは生前のものでなく『紀』の「用明天皇紀」に「またの名」として使われている。関裕二氏著『天武天皇　隠された正体』の中で「聖徳太子とは蘇我馬子と蝦夷のことである」という一節がある。両氏の業績をそのまま歴史から抹殺することが出来ない、『日本書紀』でその全ての実績を歴史から抹殺することが出来ないので、その実行者として超人・聖徳太子という架空人物を創作したと考える。

以上蘇我氏一族が大王となり欽明の後継として馬子、蝦夷、入鹿の三代が務めたが『紀』では悪行王朝を抹殺しているのである。

大極殿のクーデターによって蘇我氏を打倒した以上、前代の治績を大王であった蘇我氏の功績としては都合が悪いので、実際には大王でなかった人物、欽明の子孫である男女・敏達から皇極に至る大王――が政治を担っていたように記録したのである。

欽明―（敏達―用明―崇峻―推古―舒明―皇極）　架空の天皇『紀』六代

蘇我稲目――――馬子――――蝦夷――――入鹿　実権を持つ王者三代

『日本書紀』が大海人天武による皇位簒奪の事実を合理化する為に天智と天武の兄弟関係を捏造し、天命開別天智と同母の弟に天武を位置付けている。通常天智の記事の冒頭には、その両親の名と何番目の男子かを記し次いで后妃や皇子や皇女の名を記しているのが正しい。天武についてだけその出自についての記述が変則的な記事としている。

事実は二人は同母どころか縁もゆかりもない赤の他人であることを告白しているようなものである。何故同母の兄弟同士が政敵でも珍しい重血族結婚の網をめぐらす必要があったのか。こんなハチャメチャな正史を誰が承認出来るだろうか。

まず二人は兄弟ではない。異母同士である。天智が兄（年齢が上）とあるが、本当は天武が年上である。

百済系と新羅系の両勢力の背景として大和朝廷を実質的に左右したのは飛鳥地方を地盤とする蘇我氏であり、それに対抗して新羅系では、中臣鎌足が新羅の春秋王の秘使の南淵請安の意を帯し中大兄皇子と提携して蘇我氏の排除を策したのが「大化の改新」であり、この政変後、皇位は新羅系と思われる軽皇子（中大兄の叔父）が孝徳天皇となっている。こうして生まれた新政権は都を難波に遷し豪族の私有地を接収するなど唐を模範とする改革をした。そしてその両系の政局不安を見て新羅は金多遂《たじゅく》を盾として派遣した。その人物が大海人皇子である。

天智の子供と天武の家系との関係図案

○持統	讃良皇女	○天武の皇后となる	持統天皇は存在せず、元明・元正と続く
◎元明	阿閉皇女	草壁皇子の妃となる	
×大友皇子	弘文天皇	天武によって殺害	
◉大田皇女		○天武の皇妃となる	
◉大江皇女		○天武の皇妃となる	
×河島皇子		天武によって殺害	

○天武の皇后
◉天武の皇妃
◎天武の息子の后
×殺害される

×芝基（志貴）皇子　天武によって殺害
◉新田部皇女　○天武の皇妃となる
◎山辺皇女　大津皇子の妃
◎御名辺皇女　高市皇子の妃

天武の子供とその系譜
高市皇子　長尾王
大津皇子
草壁皇子　元正天皇―聖武―孝謙
穂積皇子
忍壁皇子
舎人皇子　×淳仁天皇　藤原仲麻呂により殺害
新田部皇子　塩焼・道祖王
弓削皇子
長皇子　川内王―高安王
十市皇女　母は額田王妃　大友皇子の妃
多紀皇女　志貴皇子の妃
泊瀬部皇女　河島皇子の妃

天武＝尼子娘
｜
高市皇子（親王）天皇となる

草壁＝元明
｜
元正

兄弟同士の血縁関係でこのような婚姻をする事は異常なことで常識的に有り得ない。逆に天智と天武が兄弟でないことを証明している。

天武の父は誰か、天武は新羅の（王族で官僚）金多遂《たじゅく》である。金多遂は大化四（六四八）年に日本から唐に赴き、新羅への救援を要請した。金春秋が新羅に帰国し、六五四年には武烈王として即位しているが『紀』の六八九年の記事には新羅王族の沙喙部沙飡（官名）の金多遂を遣して質と為す、「従者三十七人」という一文がある。しかし金多遂が帰国したという記事はなく六六三年には百済派遣軍は白村江の戦いで大敗している。金多遂こそ大海人皇子とされた人物で近江の天智朝では副大統領のような地位にあり、天智は百済系韓人として彼を手なずけるため自分の娘を妻や妃として与えたと理解することが出来る。実際には金多遂である大海人皇子は金春秋と共に質人と『記』に書かれているが日本に多数いる新羅人の利益代表とでもいう戦勝者としての渡来人である。

文武天皇が六二六年生まれ、聖武天皇が七〇一年生まれであれば、聖武は誰の子として生まれたのか。県犬養橘夫人というのは光明皇后の母の三千代のことで聖武天皇の御世、三千代が天皇のようであった。祖父、大臣（不比等）の存在を大きく意識していた。それは聖武の母の宮子の素性についての疑問があって、それは道成寺《どうじょう》に伝わる海女伝承の中に「紀州日高郡に九人の海人がいてその中の一人で『宮』という乙女が潜水中に黄金の千手観音像を得て髪の毛に包んで持ち帰った」という話がある。その他にも宮子姫説話にはいくつかの別説があるが、聖武の母の宮子はこの海女ではなかったかという。そして宮子は不比等の娘ではない。つまり海人の娘を自分の子に仕立て「新羅の文武王」に文武天皇夫人として送り込み、そして生まれた子を首皇子《おびと》と名付けて藤原氏が後々外戚の立場で自由に操れる天皇にしようと企んだという説がある。

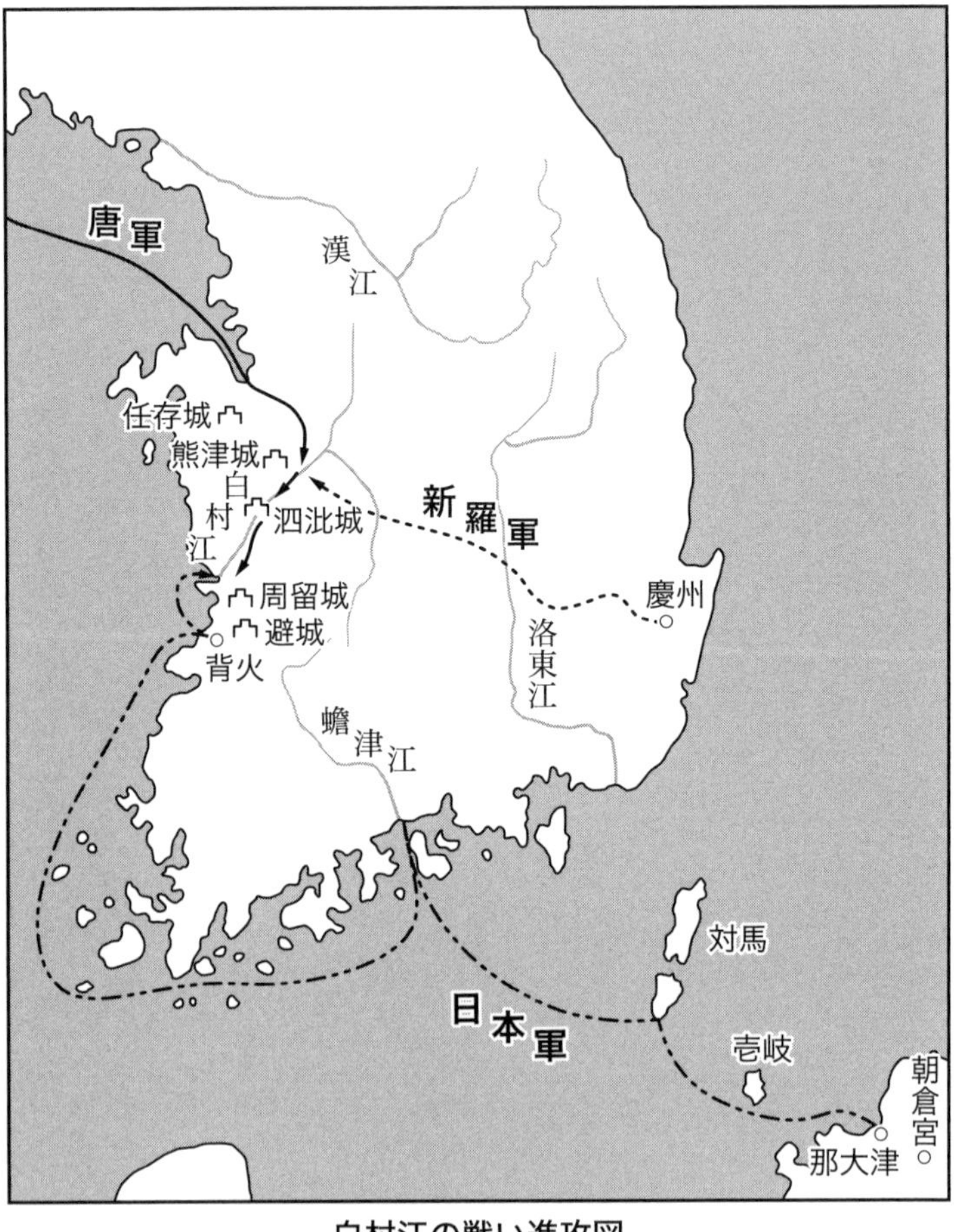

白村江の戦い進攻図

不比等の出自と業績と、七世紀から八世紀にかけての皇孫系譜のゆがみを述べる。律令制度を導入し、『日本書紀』を万世一系という理想主義哲学を樹立し、その建前として現実の王者交替の史実を巧妙に隠蔽し神話を創作しその中に天皇家と藤原氏を始め各氏族の祖先の神をはめこみ国家行事としての神祇官の職務を藤原氏の同族の大中臣氏の手に渡すといった巧妙なやり方であった。そして大和の土地神である三輪山の祭祀を封じたり皇祖神を伊勢に還したりして、民衆から隔絶させたのも抜群の構想によるものと言えよう。

不比等の人間像には謎が多く父鎌足と妻車持国子の娘の与志古との間の次男とされているが、また天皇天智の子であったとも唱えられている。不比等の幼少時代については『尊卑分脈』に避くるところがあって田辺史大隅《ふみおおすみ》に養われたと記されている。田辺氏は漢系帰化族で生年は六五九年頃とされ壬申の乱の六七二年には少年であった。権臣の子が何故に新王朝の保護が受けられず、一時的に田辺氏に頼り身を保ったかは不明とされる。

６１８　唐の建国
６４５　乙巳の変　蘇我氏滅亡
　　　　大化改新　孝徳大王就任
６４８　金多遂　新羅より盾として来日　後の天武天皇となる
６６３　新羅の攻撃を受け百済滅亡
６６３　白村江の戦　新羅文武王（６６１～６８１）に敗れる
６６８　羅唐連合軍により高句麗滅亡

倉山田石川麻呂
姪娘
遠智娘
天智・(中大兄皇子) 671死去46歳(625生)
元明
持統
舒明
皇極・斉明
宅子娘
大友皇子
額田王
十市皇女
天武 大海人皇子 686死去
忍海造色夫古娘
河島皇子
大江皇女
◎「神皇系統記」73歳(613生)
◎「本朝皇胤紹運録」65歳(622生)
間人皇女
新田部皇女(天智女)
舎人皇子
淳仁
天武 大海人皇子
草壁皇子
高市皇子
持統
元正
尼子娘
長屋王
元明(天智女)
御名部皇女(天智女)
新羅王文武686来日
聖武(首皇子)
不比等養女宮子
皇后義母
不比等
孫
三千代
「孝謙 称徳」
●(淳仁)
●藤原仲麻呂によって殺害

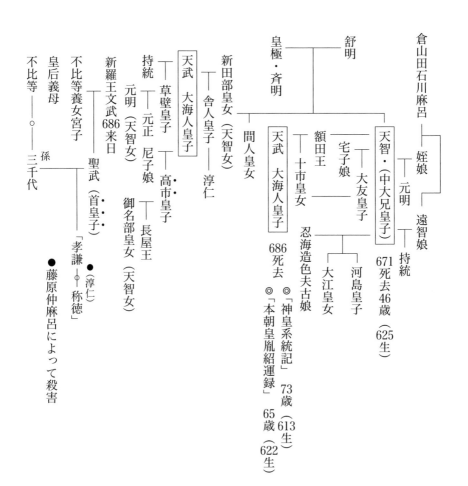

672　壬申の乱　天武軍により大友皇子戦死
674〜675　新羅は唐と戦う　文武は神文681〜692　孝昭692〜702に王位を譲渡してゆく
681　唐↓修交　文武大王来日
686　天武九州にて死去
686　高市親王即位
689　文武日本朝廷に入る　文武朝691〜707　死去
699　後高句麗朝〜渤海国と改名
710　平城（奈良）遷都
720　藤原不比等死去　63歳か？

皇室系譜の初期部分（神武大王から応神大王までの部分）にあっては、大王位継承の順序をふまえて傍系相続を直系相続に書き直した部分がある。古代大王の直系相続をその実在性疑問視の根幹にする見解もあるがこれは正しくない（宝賀寿男著『「神武東征」の原像』）。

次頁数値の妥当性は中国史書記載の「倭の五王」の在位期間との対比をみると、次のとおり従来の通説とよく合致している。推計式からの数値は、応神世代が四九五年までとなる。これらを遣使記事と照合させると、倭王讃が仁徳世代が四三〇年、履中――允恭世代が四六六年まで、雄略世代が四九五年までとなる。これらを遣使記事と照合させると、倭王讃が仁徳世代、珍・済が履中――允恭世代、興・武がほぼ安康・雄略世代の大王（四六二年に遣使の興は「倭王世子」とある

世代	継承順	天皇名	事件	書紀の太歳	その比定値 年	採用値西暦年	書紀の在位年数 年	実際の在位年数 年
1	1	神武	東遷始	甲寅	174	174		(1.75)
			元年	辛酉	181	175		
						崩194	76	19
2	2	綏靖	元年	己卯	200	195	33	8.25
	3	安寧		癸丑	233	203	38	9.5
3	4	懿徳	〃	辛卯	211	212	34	20.75
4	5	孝安	〃	丙寅	246	233	83	8.6
	6	孝昭	〃	己丑	269	242	102	25.5
5	7	孝霊	〃	辛未	251	267	76	19
	8	孝元	〃	丁亥	267	286	57	14.25
6	9	開化	〃	申申	324	300	60	15
	10	崇神	〃	申申	324	315	68	17
7	11	垂仁	〃	壬辰	332	332	99	10
	12	景行	〃	辛未	371	342	60	15
8	13	成務	〃	辛未	371	357	60	15
		神功	〃			372	(空位１)	(空位0.25)
9	14	仲哀	〃	壬申	372	377	69	9
						崩386		
		神功	摂政元	辛巳	381	摂政		17
		……	崩年	己丑	389			
	15	応神	元年	庚寅	390	390		
						崩413	41	23
							(空位２)	(空位0.5)
						414		
10	16	仁徳	元年	癸酉	433	崩435	87	21.75
11	17	履中	〃	庚子	460	435	6	3
	18	反正	〃	丙午	466	438	(空位１年)	2.5
	19	允恭	〃	壬子	472	441	42	(空位0.5)
			崩年			崩462		21
12	20	安康	元年	申午	451	466	3	2.5
	21	雄略	〃	丁酉	457	467	23	23
			崩年			崩487		
13	22	清寧	元年	庚申	480	488	5	5
	23	顕宗	〃	乙丑	485	493	3	3
	24	仁賢	〃	戊辰	488	498	11	11
	25	武烈	〃	己卯	499	507	8	8
						崩514		
	26	継体	〃	丁亥	507	515	25	19
						崩534	(空白２年)	
14	27	安閑	〃	申寅	534	534	2	2
	28	宣化	〃	丙辰	536	535	4	4
	29	欽明	〃	庚申	540	540	32	32
			崩年	辛卯	571			

ので、「世子」も含む）に対応することになるのである。

好太王碑文にみえる倭王（三九一年頃から高句麗と戦争した）は、三八〇－四〇九年頃に在位していた仲哀・応神世代があたるから、まず応神大王が該当する。それ以前の大王については、外国史料によるチェックはできないが、開化・崇神世代の三〇二－三三一年という年代は巨大古墳の発生時期から見てほぼ妥当するし、通説的な崇神崩年干支三一八年推定ともよく合っている。

神武大王の活躍時期を（西暦一七五－一九六年頃）とする右記推定値は充分説得力があると考えられる。

奈良県在住の貝田禎造氏は『古代天皇長寿の謎――日本書紀の暦を解く』を刊行され、『書紀』の紀年記事を綿密に分析された。

同氏によれば、『書紀』には明確に旧暦の痕跡が存在しており、しかも時代により変遷していて、その「一月《ツキ》」が十五日または三十日、一年が六カ月であった。日付記事の分析により、一年の長さが仁徳紀以前は実際の四倍に、履中から雄略紀までの間は実際の二倍に伸びており、大陰暦で読めるのは清寧紀以降である。仁徳紀までの『書紀』在位年数は一人あたり六〇年が基本数になっており、雄略大王没年以降は年代の引き延ばしがないという安本美典氏の指摘ともほぼ符合する。

そして貝田氏は『書紀』に記す雄略大王崩年四七九年を基礎として、神武以降の各大王の時代を復元、推計の結果、神武崩年は一九五年、崇神は三三二年、仲哀は三八九年とする。この手法によれば、神武の即位元年は一七六年、その後世期間は一九年（書紀記載の治世七六年の四分の一）となり、宝賀寿男氏説と全く合致している。崇神世代三〇二－三三一年、応神世代三八〇－四〇九年としたのもよく合っている。ただ、宝賀氏は、貝田氏説の清寧大王以降を等倍とするより雄略大王

『魏志倭人伝』に伝えられる倭国名とその比定地

狗奴	狗邪韓	対馬	一支	末盧	伊都	奴国	不弥	邪馬台	投馬
大阪 奈良 伊勢	金海国	対馬	壱岐	東西 南北 松浦郡	佐賀県 怡土郡	筑前西 郡河郡	筑前東 穂波郡	豊前豊後 筑後肥後 肥前西南	薩摩 大隅 日向
熊ソ 隼人 族国			一大国 壱岐	筑紫	筑紫 (怡土郡)	長門		甘木 宇佐	○ 出雲
斯馬	己百支	伊邪	弥奴	都支《トジ》	好古都	不呼《フワ》	姐奴《シャヌ》	対蘇《ツソ》	蘇奴《ソナ》
島根 広島 山口	伯耆	因幡	丹後	但馬	丹波	近江 若狭	加賀 越中 佐渡	土佐	伊予
呼邑《アワ》	華奴蘇奴《カナソナ》	鬼	為吾	鬼奴	邪馬《ザマ》	躬臣《キュウシン》	巴利《はり》	支推《きく》	烏奴
阿波	讃岐	紀伊 志摩	備後	備中	備前	西播磨	播磨	摂津西 (兵庫)	摂津西 (大阪)

以降に変えた方がより妥当すること、雄略崩年四七九年を基礎とすることは疑問であるという見解である。

邪馬台国の女王卑弥呼の死（二四八年）後、一旦は男王を立てたが国中が治まらず争乱が続いたので、卑弥呼の宗女で十三歳になる宗女台与を立てて漸く国中が治まった（『魏志倭人伝』）。争乱の原因は、天照大神の存命中に、その後継者に指定されていたのは、大神の子の彦火々出見命らしく「東宮」と呼ばれていた（三国名勝圖）。即ち、薩摩国一の宮の枚聞《ひらきき》神社の主祭神は、天照大神と素佐男命の契約《うけい》により生まれた男、男、三女の神であるが、彦火々出見命が後継者に指定されていたとする伝承を残している。更にまた、大隅国一の宮である鹿児島神宮は別名大隅正八幡宮とも呼ばれ、祭神は彦火々出見命とされている。宇佐の地は二代目女王台与が就任した時、最初に宮都とした所とも伝わり、今日でも宇佐神宮の奥宮である大元《もと》山にある神社は、元来、素佐之男、大年、豊受姫が祭られていたと言われている。卑弥呼の死後邪馬台国の男王として立った彦火々出見命は政庁を大隅正八幡宮のある隼人町においたのではないかと思われる。このような王位継承をめぐる主権争いが争乱の原因ではないかと思われる。

それでは台与とは一体、実体は、①伊勢外宮に奉斉される豊受大神であるが、②倭迹々日百襲姫、③万幡豊秋津姫、④海部第十一代禄小台《おと》与命の妹の日女命といわれている。中でも豊受大神は、伊勢外宮の祭神として、最も台与に近い神格と目されるものであり、またの名を①豊受姫、②稚日女命、③朝日豊明姫などとも呼ばれ、『紀』神話では、大山祇《おおやまつみ》神の子の和久産巣日《わくむすび》神の女で食物を主宰する女神（ミケツ神、ウケモチ神《うかのみたま》）とされるが、『記』では「須佐之男命が大山祇神の女神、大市比売に娶いて生ませる子、大年神、次に宇迦之御魂の二柱」とある。大年神とは後の饒速日命、そして大物主神の事とされ、宇迦之御魂とは豊受姫の事とされるが、一説では豊受姫は、饒速日命の子の猿田彦命と市杵嶋姫命との間の御子ともいわれる。甚だ興味のあることとは、この豊受大神は、気比比売《きびひめ》大神として、備前国一ノ宮、吉備津彦神社の元宮の祭神であり、この元宮はかつては、気比大神宮、本州一ノ宮、朝日宮とも称され祭神の気比比売《きびひめ》大神は、豊受姫、朝日豊明姫、天御中主神、気比大明神、天照皇大神とも称されたということである（『吉備津彦神社社記』）。

豊受姫即ち、台与の邪馬台国女王就任については、海部氏、尾張氏の祖とされる「天忍男命」の活躍が大いに貢献している。代々の大和王権の天皇の皇后は初代神武から四代懿徳までは物部氏から出ていたが、五代改め六代孝昭の時初めて、尾張氏出の皇后が出ており、天忍男《おしお》命自身孝昭の朝廷で大連の要職にあった。

即ち天忍男命の女《むすめ》で、且つ沖津世襲《よそ》命の妹の世襲《よそ》帯《たれ》姫が皇后に出ている。世襲帯姫の生んだ孝安の皇后の押媛命は天皇の姪《めい》にあたり、その間に生まれた孝霊の皇后の細媛は十市県《あがた》主大目の女といわれる。十市県主は豊受姫と縁の深い氏族であり橿原市十市御《み》県坐《あがたにいます》神社は豊受大神を祭っている。

卑弥呼の後立った男王が廃せられた後、台与（豊受姫）が女王になったが、彼女は母系からいえば「契約《うけい》」によって生まれた市杵嶋姫が、出雲系の猿田彦と結ばれて生まれた子とすれば卑弥呼の孫（宗女）ということになり、日向勢も異を唱えるわけにゆかず、自《おの》ずから平和が甦ったと見做される。こうして出雲と日向の両方の血を引く台与を二代目の邪馬台国女王に推載した天忍男命は、自分の女を孝昭の皇后に立てることに成功し、自らも大連として朝廷に関与していることからみて、既《すで》に落ち目になった九州の邪馬台国を大和王権に引き寄せ、無事両王朝の合併をすることができたのである。

宗主国の魏王朝は権臣の司馬氏との権力闘争が激化し、二四九年のクーデターにより曹爽派は失脚し、魏朝廷の全権は権臣、司馬懿の手中に返してしまった。そして司馬懿の後、司馬師、司馬服を経て、司馬炎の代には、魏の元帝を退位させて自ら皇帝（武帝）となり、晋朝（西晋）を開いている（二五六年）。

晋は倭国には、さほど関心を示さず、中国王朝による後楯を失った邪馬台国の権威は失墜し、朝鮮半島からの鉄、その他の貴重な物資の輸入権も喪失し、併せて南の狗奴国の攻勢を前に東遷を余儀なくされていった。やがて大和王権との合意の上、尾張系海人族の協力を得て九州を離れ瀬戸内を東遷して吉備に入る。畿内の中州で四代懿徳大王が崩御し、海部尾張氏の血をひく世襲足姫を皇后とする孝昭が即位大王となると、台与は王位継承の神器というべき「八咫鏡《やちまたかがみ》」を孝昭大王に奉還しこれによって九州にあった邪馬台国は、二七〇年頃、大和王権に吸収合併される形で終焉する。

蘇我
倉山田石川麻呂

乳娘　孝徳天皇妃

遠智娘
＝天智　六二五年生〜六七一年没四十六歳
讃良皇女「天武妃持統」とあるが？

姪娘
＝天智
阿閉皇女「草壁皇子妃元明」——元正

持統
＝天武
太田皇女——大津皇子
草壁皇子　二十九歳没
＝元明　叔母に当たる人で事実上有り得ない
元正　六六二年生

天武　寿命に二説あり。
１　六一三年生　六七二年即位　六八六年没　七十三歳　以上のように九州で死因不明の崩御
２　六一五年生　六八一年没　六十五歳
高市親王　六八六〜六八九　皇位継承。持統の皇位はなかった。
六六三年白村江の戦
百済・日本軍は、新羅・唐連合軍に大敗する。文武王は勝者として六八一年来日
29代　武烈王　六五四〜六六一。六四〇年来日　金春秋を名乗る
30代　文武王　六六一年〜六八一年　同年来日
六二五年生　七〇七年没　八十一歳

『日本書紀』には、文武天皇時代の六九七～七〇七年のことが含まれていないのは何故なのか。この事は、大きな疑問で謎を含むのである。

文武は在位十一年で亡くなっているが、その遺児とされる首《おびと》皇子が、まだ幼少（五歳）であったので文武の皇后が、文武死後、元明の子の元正皇后となり首皇子の育ての親となる。皇子が二十四歳になった時、譲位される。即ち、聖武天皇である。

文武六九七～七〇七年（八十一歳）
皇位期間七十六歳時の子？
＝宮子姫
―首《おびと》皇子　七〇三年生

首《おびと》皇子は誰の子か？

藤原不比等
七〇七『紀』完成
七二〇没
―南家　武智麻呂―豊成
　　　　　　　　―仲麻呂
―北家　房前
―京家　麻呂
―宮子　養女　文武天皇妃
―光明子　孫　聖武天皇妃

首皇子
＝光明子
―孝謙―（舎人皇子の子・淳仁）―称徳重祚（皇位継承）

仲麻呂の横暴　淳仁は藤原仲麻呂によって淡路に遠島後、殺害される

大化改新後

孝徳　難波京　六四五

天智　近江朝　弘文　壬申の乱で死亡

天武　飛鳥京　六七一〜六八六　九州で死亡

高市親王　　　六八六〜六八九

文武　飛鳥京　六八九〜七〇七　元正・文武の皇后となる

●元明　飛鳥京

●元正　平城京　七一〇遷都

●聖武　平城京　七二五〜

孝謙・淳仁・称徳　新羅天武系終わる

光仁　　　七七〇〜　百済系復活

桓武　長岡京　七八一〜遷都

　　　平安京　七九四〜遷都

『紀』奈良時代も皇室系譜は無理な継承である。

聖武天皇（首皇子）は本当は誰の子供か。奈良東大寺、大仏像を造る。都を転々として最後に平城京で即位される。今後の研究を待つ。

日本の歴史年表

BC3万〜2万　氷河期にシベリア地方から、ブリアート人が列島北部より移住してきて、縄文人の祖先となる。後期石器時代。

1・6万　地球の温暖化が始まり、ブリアート人は列島に留まる。縄文の創生期。

1・3万　ジャワのジャワク洞窟人の子孫がフィリピン諸島、中国大陸の南部沖縄列島経由で一部九州南部に上陸し集落を作り定住化。隼人族の祖先。

8000〜　縄文人の定住化と分業化が始まる。地域別に各々の土器や布織、狩猟文化と北九州より稲作が伝わり、大陸系石器を使用。

400〜　近畿地方で方形周溝墓が出現する。

200〜　秦始皇帝の命令により徐福が来日、富士山麓に滞在し文化を伝える。

100〜　大物主が出雲に先住、物部一族が遠賀川方式集団で渡来し、後日大和地方へ移住、平形式銅剣や銅鐸を祭儀器として普及させながら先住民の弥生人と同化して出雲族と共に分業集団を形成。前漢の武帝の命令により須玖式系方士集団が鉄製武器を持って渡来。物部一族は中国近畿大和平野に逃避し文化圏を造って行く。

AD

50　伽耶諸国より大量の渡来が始まり、北九州に倭人の小国を建国。

57　奴国王は後漢に朝貢、奴国連合が生まれる。

107　伊都国も後漢に朝貢、伊都国連合が生まれる。

164頃　邪馬台国連合が生まれる。倭の大乱の平定。卑弥呼女王誕生。
　神武大王の大和への東遷が始まる。
245　魏使来日。
248　卑弥呼死去。
241〜　日矛によって大和王朝は影響を受けるようになる。
233〜　233〜孝安・242〜孝昭・267〜孝霊・286〜孝元・300〜326
　開化・315〜332崇神・332〜342垂仁・景行・成務（神功摂政）・
　仲哀・応神〜390までを大和朝廷とする。
267　台与女王の時孝昭大王に吸収され、邪馬台国は終わる。
315〜　崇神は物部一族に入婿となる。垂仁は日矛系丹波道主の女日葉酢姫を332〜
　皇后とする。
350〜　台与女王を宇佐から丹後へ移動（海部氏による）。中部尾張氏も移住。
396〜　難波王朝が始まる。応神・414〜仁徳・438〜反正・441〜
　462允恭466〜安康・467〜487雄略。
507〜　継体王朝始まる。
512　任那4県を百済に譲渡。
529　磐井の乱
532　金官伽耶国は新羅により敗北滅亡。仇衛王亡命渡来、欽明王となる。
541、544　任那復興会議を開く。

645 大化の改新、律令制を取り入れる（孝徳）。
672 壬申の乱、天武勝利して倭王に就任。～686死去。高市親王686～689倭王か。
689 文武朝となる。白村江の戦勝国王、倭国王となる。
710 平城遷都。
720『日本書紀』完成。藤原不比等死去。

朝鮮半島の主な歴史年表

BC 2330 檀君王が北方より朝鮮へ進出、平定。
1200 萁氏朝鮮を征服。
195 衛氏朝鮮半島を制覇する。
108 前漢武帝により平定、四郡を設置統治。
57 新羅建国。朴、昔、金氏へと政権継続。
37 高句麗建国。
20 新羅、倭人の瓠公を馬韓に派遣。
新羅脱解王東北多婆那国から金官国に流れ着く。
18 百済始祖王温祚王が即位。
AD 42 駕洛首露王亀旨に建国。

５９　新羅脱解王倭国と和解。
73、77、84　脱解王～婆娑王は加耶諸国との間94、96、１０６、１０８で抗争が続く。
１１5、１１6、１２１、１２２、１２３　新羅、倭人との進攻と講和続く。
５０　駕洛国から有明海経由肥後熊襲、日向。
～１５０　鹿児島隼人を併呑し狗奴国連合建国。
６６３　白村江の戦い日本敗戦し、百済滅亡。
６６８　高句麗滅亡する。統一新羅、～９３５。
６８１　新羅文武王退位。その後渡来倭王即任。

中国大陸の王朝の推移

ＢＣ　３５００　黄河文明時代が始まる。
１０５０　殷王朝建国。
１０００　周王朝の華北統一。
７７０　周の東遷。
７２０　春秋時代が始まる。～４０３
４９６　越は呉を破る。
４３４　越滅亡。
４０３　戦国時代終わる。

２２１　秦帝国時代。～２１０
２０２　新王朝８年間で終わる。前漢時代始まる。
１５０　大月氏サカ族建国　江南地域。
ＡＤ　１　王莽の新朝始まる。～23
２３　後漢王朝始まる。～２０８
１７８　黄巾の乱、倭人、大月氏、江南退去。
２０８　魏呉蜀の三国時代。～２７０
２７０　西晋時代始まる。～３１６。江南地域。
３１６～４３９　五胡十六国時代。小国分立。
東晋建国江南～４２０。北魏華北統一。
４２０～６１８　南朝では宋、斉、梁、陳へと乱立。
６１８～　隋が統一後、６１８に唐が統一。～９０７

参考資料

『日本書紀　上・中・下巻　翻訳本』山田宗睦
『天照大御神は卑弥呼である』安本美典
『邪馬台国研究　新たな視点』岡内三眞他５名
『邪馬台国辞典』武光誠
『江南出身の卑弥呼と高句麗から来た神武』小林恵子《やすこ》
『匈奴――古代遊牧国家の興亡』沢田勲
『応神＝ヤマトタケルは朝鮮人だった』林順治
『ヤマト国家は渡来王朝』澤田洋太郎
『ヤマト政権誕生と大丹波王国』伴とし子
『「日本＝《イコール》百済」説』金容雲
『応神天皇の正体』関裕二
『武内宿禰の正体』藤井耕一郎
『邪馬台国から日本国誕生の道程』寺山宏
『伽耶は日本のルーツ』澤田洋太郎
『天皇家と卑弥呼の系図』澤田洋太郎
『物部氏の盛衰と古代ヤマト王権』守屋尚
『面白いほどよくわかる日本史』鈴木旭
他五十冊程度の歴史書

栗花落　謙二郎（つゆり　けんじろう）

生暦　1938（昭和13）年３月生まれ、満83歳
昭和35年　同志社大学商学部卒業
同　　年　岡三証券株式会社に入社
昭和45年　同社退社　公害対策企業を目指す
　仝48年　シイ・ピィ・エス株式会社を資本金800万円で設立
同　　年　ドライクリーニングの洗濯機より発生する乾燥廃ガス（テトラクロロホルム含有濃度10,000 ppmの廃ガス）を100 ppm以下にし、その廃ガスから元の洗浄剤に99％回収し再利用出来る装置の開発製作販売
　仝51年　重油の燃焼、特にその導管に於いて微弱電流を流し重油に帯電させて、導管に磁場装置を装着して燃焼重油を微細化し、理論空気比燃焼を可能にする装置(特許取得）廃ガス中のO_2濃度を0.5％に下げる。当時通産省では４％以下にするよう指示が出ていた（科学技術庁あっせん商品となる）
　仝60年　ダイオキシン濃度を100％分解反応し消滅させるゴミ・焼却炉の開発（特許取得)。ダイオキシンは160℃で分解反応をする。ゴミにアルミ缶沫の混入と蒸気加熱させて分解させる焼却炉
　仝63年　焼却灰の溶融化プラントの開発（特許取得)。焼却灰にアルミ缶沫を混入させて溶融化する溶融炉

この本は、筆者が高校３年生の時に日本史を選択しましたが、その当時古代史に対する質疑を教諭にしたところ当時の教科書には疑問点は全て逃避して正確な反応が得られなかったので、50歳で会社を閉めて30年かけて古代史を正しく生あるうちにその要点だけを書き残したく執筆しました。どうか正しい日本の歴史を勉強して後世に伝えて下さい。その一心でこの本を執筆しました。

これが我が国の古代史だ

2021年10月14日　初版第１刷発行

著　　者　栗花落謙二郎
発 行 者　中 田 典 昭
発 行 所　東京図書出版
発行発売　株式会社 リフレ出版
〒113-0021　東京都文京区本駒込 3-10-4
電話 (03)3823-9171　FAX 0120-41-8080
印　　刷　株式会社 ブレイン

ISBN978-4-86641-427-0 C0021
Printed in Japan 2021